SOBRE NOTAS ESCOLARES

DISTORÇÕES e POSSIBILIDADES

EDITORA AFILIADA

Coordenador Editorial de Educação:
Marcos Cezar de Freitas

Conselho Editorial de Educação:
José Cerchi Fusari
Marcos Antonio Lorieri
Marli André
Pedro Goergen
Terezinha Azerêdo Rios
Valdemar Sguissardi
Vitor Henrique Paro

Dados Internacionais de Catalogação na Publicação (CIP)
(Câmara Brasileira do Livro, SP, Brasil)

Luckesi, Cipriano Carlos
 Sobre notas escolares: distorções e possibilidades / Cipriano Carlos Luckesi. – São Paulo : Cortez, 2014.

 Bibliografia
 ISBN 978-85-249-2183-4

 1. Aprendizagem 2. Aprendizagem – Avaliação 3. Educação – Finalidades e objetivos 4. Professores – Formação I. Título.

14-01610   CDD-370

Índices para catálogo sistemático:
1. Aprendizagem : Avaliação : Educação   370

CIPRIANO CARLOS LUCKESI

SOBRE NOTAS ESCOLARES

DISTORÇÕES e POSSIBILIDADES

1ª edição
1ª reimpressão

SOBRE NOTAS ESCOLARES: distorções e possibilidades
Cipriano Carlos Luckesi

Capa: Cia de Desenho
Preparação de originais: Solange Martins
Revisão: Maria de Lourdes de Almeida
Composição: Linea Editora Ltda.
Coordenação editorial: Danilo A. Q. Morales

Nenhuma parte desta obra pode ser reproduzida ou duplicada sem autorização expressa do autor e do editor.

© 2014 by Autor

Direitos para esta edição
CORTEZ EDITORA
Rua Monte Alegre, 1074 – Perdizes
05014-001 – São Paulo – SP
Tel.: (55 11) 3864-0111   Fax: (55 11) 3864-4290
www.cortezeditora.com.br
e-mail: cortez@cortezeditora.com.br

Impresso no Brasil — fevereiro de 2016

O desejo, expresso através deste livro é de que se faça o investimento necessário para que a qualidade plena da aprendizagem dos educandos seja uma realidade no seio das nossas escolas, de todos os níveis. Fato que implica cuidados efetivos por parte dos sistemas públicos nacional, estadual, municipal, assim como por parte do sistema particular de ensino no país; o mesmo se diga a respeito dos educadores nos seus diversos papéis de diretores de escola, profissionais do setor pedagógico, professores e professoras nas salas de aula de nossas instituições de ensino.

Sumário

Introdução
Notas escolares, suas distorções e a busca de soluções.... 9

Capítulo I
Distorção epistemológica: contrabando entre qualidade
e quantidade nas notas escolares 19

1. A questão posta 19
2. Qualidade como uma atribuição à realidade 22
3. Quantidade e qualidade na prática da avaliação da
   aprendizagem na escola 28
4. A avaliação qualitativa e avaliação quantitativa 30

Anexo
Por uma compreensão epistemológica da relação entre
qualidade e quantidade 39

1. Qualidade na filosofia clássica antiga e medieval 40
2. A qualidade na filosofia moderna e contemporânea 45

Capítulo II
Distorção presente na prática das médias entre
notas escolares.. 53

1. Distorção presente na prática das médias simples 54
2. Distorção presente na prática de médias ponderadas... 57

Capítulo III
Distorção nas notas escolares decorrente dos
instrumentos de coleta de dados para a avaliação 69

Capítulo IV
O fetiche das notas escolares.. 83

Capítulo V
Então, como registrar os resultados da aprendizagem
dos nossos educandos?.. 99

1. A prática presente em nossas escolas........................... 100
2. Então, como registrar o testemunho da qualidade
   da aprendizagem?... 103

Considerações finais
Investimento na busca da qualidade plena da
aprendizagem dos educandos.. 113

Referências bibliográficas.. 119

Introdução

Notas escolares, suas distorções e a busca de soluções

O presente livro aborda a questão das notas escolares, suas distorções e suas possibilidades. A fenomenologia das notas escolares tem me acompanhado durante muitos anos, como se poderá observar no que exponho, a seguir, nesta introdução, sendo que, neste momento, sinto necessidade de aprofundar sua compreensão.

Temos uma tradição no Brasil — em outras partes do mundo também — de entender que nota escolar representa a avaliação do desempenho do educando em sua aprendizagem.

Essa prática, de um lado, tem assediado os educadores em geral, fato revelado pelas inúmeras dúvidas e perguntas que são formuladas em torno dela, indo desde o seu significado até o modo de atribuí-la, passando pelas questões de "justiça" e "injustiça" em relação à promoção, ou não, do educando na sequência do currículo escolar.

De outro lado, a questão da nota escolar exige a compreensão de sua base epistemológica e prática, à medida que hoje tem papel determinante na vida de educadores, de educandos, assim como nas instituições educativas e no sistema escolar do país.

A aprendizagem do educando na escola não pode ser "média" como expressam os usos e abusos das notas escolares, mas sim *plena*,[1] em conformidade com o que se planeja para ensinar, o que implica o currículo escolar como seu suporte e o plano de ensino como sua tradução prática para a sala de aula.

A qualidade da aprendizagem necessita ser *plena* (o que quer dizer satisfatória) sobre os conteúdos ensinados e que deveriam ser aprendidos; a qualidade da aprendizagem não pode ser menos do que isso, o que implica que não pode, de forma alguma, ser pela satisfatoriedade "média".

Sem esse padrão de *qualidade plena* da aprendizagem os educandos seguem pela vida com lacunas de conhecimentos e de habilidades, quer seja como carência de pré-requisitos, tendo em vista proceder a aprendizagens mais complexas, quer seja para aprofundar e refinar sua formação, quer seja para agir com justeza e adequação no seu cotidiano.

Expressei essa compreensão e exigência, há quase trinta anos, num texto publicado sob o título "Avaliação da aprendizagem escolar: para além do autoritarismo", cujos dados históricos relato adiante nesta Introdução.

---

1. A expressão *qualidade plena* será utilizada em muitas oportunidades deste livro e pode assustar o leitor, à medida que o adjetivo *plena* pode parecer excessivamente forte e amplo para caracterizar a qualidade da aprendizagem do educando. Todavia, o uso do termo *plena*, no contexto deste livro, tem a intenção de afirmar que a aprendizagem do educando não pode ser pela "média" ou por qualquer outra qualidade que não seja a aprendizagem satisfatória por parte do educando dos conteúdos que deveria aprender. Se o educando não aprendeu com qualidade plena o que deveria aprender significa que ainda não aprendeu o necessário.

No final de minha graduação universitária em Filosofia, no fechar dos anos 1960 — propriamente em 1968 —, entrei em contato com a fenomenologia das "medidas educacionais", por meio de uma disciplina voltada para a formação pedagógica do futuro professor.

Logo após minha graduação, ampliei e aprofundei estudos sobre avaliação em educação, fato que me permitiu, por alguns anos (1970-1976), exercer profissionalmente atividades na área técnica de avaliação educacional, no Instituto de Rádio Difusão Educativa da Bahia (IRDEB), mantido pelo Governo desse Estado; no caso, uma instituição pública dedicada à educação a distância, por meio de aulas radiofônicas, com recepção organizada (sala de aula, com um monitor) e de material didático escrito em apoio aos estudos e às aprendizagens dos educandos.

Em uma das investigações junto aos estudantes matriculados nos Cursos Supletivos do Ensino Fundamental dessa instituição, abordando as "expectativas do que desejariam ser no futuro", um estudante respondeu que "desejava ser Presidente da República". Lembro-me que nós, os profissionais que atuávamos na instituição, benignamente, rimos do "desejo do jovem estudante do supletivo" como um desejo ingênuo. Não entendemos, naquele momento — e certamente nem o estudante compreendia — o consistente e amplo significado que podia expressar seu ingênuo desejo. Antonio Gramsci, um militante político italiano (1891-1937), ensinou-me o que poderia significar esse desejo, evidentemente muito além da sua expressão.

Alguns anos depois desse episódio, relativo à expressão do desejo do estudante, e já tendo compreendido mais a educação, assim como seu significado político e social, no ano de 1984, fiz uma "Comunicação livre" — no decurso do *XVI Seminário Brasileiro de Tecnologia Educacional*, promovido pela Associação

Brasileira de Tecnologia Educacional (ABT), na cidade de Porto Alegre, sob o título "Avaliação da aprendizagem escolar: para além do autoritarismo", texto mencionado anteriormente — na qual já abordava as notas escolares como um recurso que atua negativamente em relação à qualidade plena da aprendizagem, o que impede que cada estudante "se prepare para governar", ainda que não necessariamente venha a ocupar essa função.

Hoje (2013), às vésperas do seu trigésimo aniversário (2014), verifico que esse texto, no âmbito dos estudos sobre avaliação da aprendizagem em nosso país, tornou-se um marco e, dessa forma, retomo-o aqui, para introduzir o presente estudo sobre notas escolares, à medida que, nele, já se encontram sinalizados os incômodos que tenho com essa prática escolar, sobre cuja fenomenologia somente agora me debruço a estudar mais cuidadosamente e cuja compreensão partilho com todos — educadores, gestores educacionais, pais e educandos.

Ao escrever o texto-base para minha comunicação no evento citado, compreendi melhor o que, certamente de forma inconsciente, expressara o jovem que tinha a expectativa de estudar para, um dia, "ser Presidente da República". Por meio de estudos variados, que abordavam sociológica e politicamente a educação, mas especialmente pelos escritos de Antonio Gramsci, compreendi que a educação escolar deveria preparar todos para ser "governantes"; não um ou outro, mas *todos*, isto é, o ensino necessita ser democratizado por meio do atendimento de todos os educandos com qualidade positiva em suas aprendizagens. Todos, *absolutamente todos*, devem aprender o necessário, e as notas escolares andam na contramão dessa possibilidade, como veremos no decorrer dos capítulos deste livro.

No texto para a "Comunicação livre" mencionada, mostrei como a avaliação da aprendizagem poderia ser a "companheira" de todo educador, assim como de todos os gestores educacionais, em seus investimentos para a democratização da qualidade do ensino e da aprendizagem, fato que propiciaria uma das condições (ao lado de muitas outras) para a equalização social. Nesse contexto, busquei o auxílio desse autor e, então, finalizando o meu texto, escrevi:

> Vale ainda um lembrete final sobre um possível modo prático e racional de proceder a uma avaliação diagnóstica que conduza professor e aluno [educador e educando][2] ao atendimento dos mínimos necessários para que cada um possa participar democraticamente da vida social. A avaliação deverá verificar a aprendizagem não a partir dos *mínimos possíveis*, mas sim a partir dos *mínimos necessários*.
>
> Gramsci (1979) diz que a escola não só deve tornar cada um mais qualificado, mas deve agir para que "cada *cidadão* possa se tornar *governante* e que a sociedade o coloque, ainda que *abstratamente*, nas condições gerais de poder fazê-lo; a democracia política tende a fazer coincidir governantes e governados (no sentido de governo com o consentimento de governados), assegurando a cada governado a aprendizagem gratuita das capacidades e da preparação técnica geral necessárias a fim de governar".[3]
>
> Não será, pois, com os encaminhamentos da pedagogia compensatória nem com os encaminhamentos de uma pedagogia espontaneísta que se conseguirá desenvolver uma prática pedagógica e, consequentemente, uma avaliação escolar adequadas. É pre-

---

2. Nas citações deste texto, datado do ano de 1984, utilizei o colchete [ ] para sinalizar a inserção de um ou outro termo ou dado atualizado para esse momento. Quando o leitor encontra essa sinalização, compreender que, dentro do colchete, fiz alguma atualização para esta publicação.

3. GRAMSCI, Antonio. *Os intelectuais e a organização da cultura*. 4. ed. Rio de Janeiro: Civilização Brasileira, 1982. p. 137.

ciso que a ação pedagógica em geral e a de avaliação sejam racionalmente decididas.

Para tanto, sugere-se que, tecnicamente, ao planejar suas atividades de ensino, o professor [educador] estabeleça previamente o mínimo necessário[4] a ser aprendido *efetivamente* pelo aluno [educando]. É preciso que os conceitos ou notas médias[5] de aprovação signifiquem o mínimo necessário para que cada "cidadão" se capacite para governar.[6]

A aprendizagem dos educandos nas diversas "unidades de conhecimentos" (usualmente denominadas de "unidades de conteúdos"), que compõem a disciplina e o currículo escolar, necessita atingir a "qualidade plena", isto é, o estudante necessita aprender todos os detalhes necessários — sem deixar nenhum de fora — dessa unidade de conhecimentos. O que implica que a aprendizagem escolar não pode ser pela "satisfatoriedade média", mas sim pela "satisfatoriedade plena", e a avaliação é a parceira que, quando praticada com adequação, lembra a todos os educadores essa necessidade, revelando-lhes a qualidade da aprendizagem conquistada *por todos* e *cada um*

---

4. *Mínimo necessário* significa *tudo* o que é necessário aprender numa unidade ou tópico de conhecimento.

5. Referia-me aqui ao registro do testemunho do educador que acompanhou o educando em sala de aula de que "ele aprendeu o necessário". Mais adiante, veremos que a "nota" nada mais deve ser do que a "anotação" do testemunho do educador de que o educando com o qual trabalhou aprendeu o necessário.

6. Citação, *ipsis litteris*, LUCKESI, Cipriano Carlos. Avaliação educacional escolar: para além do autoritarismo, *Tecnologia Educacional*, Associação Brasileira de Tecnologia Educacional (ABT), ano VII, n. 61, p. 14, nov./dez. 1984. Esse texto fora publicado posteriormente na *Revista da Ande* (Associação Nacional de Educação) e na revista da AEC (Associação de Educadores Católicos) e, hoje, encontra-se publicado como o Capítulo VI (Parte III) do livro de minha autoria *Avaliação da aprendizagem escolar: estudos e proposições*, 22. ed. São Paulo: Cortez, 2012, p. 75-94.

dos seus educandos; se satisfatória, segue-se em frente; se insatisfatória, há que se investir na aprendizagem do educando até que chegue à satisfatoriedade, pois que a "única função da escola é ensinar para que o educando aprenda".

Contudo, as notas, como praticada hoje em nossas escolas, não subsidiam o cumprimento desse papel. Ao contrário, elas, na maior parte das vezes, nos enganam quanto à necessidade de busca dessa qualidade plena e dos encaminhamentos para chegar a eles, como teremos oportunidade de compreender, sob diversas ópticas apresentadas nesta publicação.

Nesse mesmo texto, publicado em 1984, na sequência dos parágrafos anteriormente citados, abordando o significado enganoso das notas escolares, exemplifiquei essa situação por meio da prática comum em nosso meio para a obtenção de "médias" entre notas escolares. Escrevi na época:

> Jocosamente, poderíamos dizer que um aluno numa escola de pilotagem de Boings pode ser aprovado com o seguinte processo: aprendeu excelentemente a ascender o avião e, portanto, obteve nota 10 (dez); aprendeu muito mal a aterrissar o avião e obteve nota 2 (dois); somando-se os dois resultados, tem-se um total de doze pontos, com uma média aritmética no valor de 6 (seis). Esta nota é suficiente para [o estudante] ser aprovado, pois que está acima de 5 (cinco [pontos]), exigidos normalmente [para a aprovação]. É o mínimo de nota. Quem de nós (eu, você e muitos outros) voaria com esse piloto?
> Então, o médio não pode ser um médio de notas, mas um mínimo necessário de aprendizagem em todas as condutas que são indispensáveis para se viver e se exercer a cidadania, que significa a detenção de informações e a capacidade de estudar, pensar, refletir e dirigir as ações com adequação e saber.

> Com o processo de se estabelecer os *mínimos necessários*, os alunos que apresentarem *a aprendizagem dos mínimos necessários* serão aprovados para o passo seguinte de sua aprendizagem. Enquanto não conseguir isso, cada educando merece ser reorientado. Alguns, certamente, ultrapassarão os mínimos [necessários], por suas aptidões, por sua dedicação, por condições de diferenças sociais definidas dentro da sociedade capitalista..., mas ninguém deverá ficar sem as condições mínimas de competência para a convivência social.[7]

À medida que nós optamos por trabalhar a favor da democratização da sociedade, tendo a educação, ao lado de outros fatores, como um dos seus suportes — e, para mim, não há outra opção digna para o sistema educacional, assim como para cada educador individual dentro de sua sala de aula —, devemos investir largamente na qualidade do ensino, tendo em vista a aprendizagem com *qualidade plena* no desempenho naquilo que se deve aprender, de tal forma que todos se apropriem tanto dos conhecimentos como também de suas respectivas habilidades; dessa forma, constituindo capacidades.

Dentro dessa perspectiva, concluí o texto de 1984 da seguinte maneira:

> Um educador, que esteja preocupado em que sua prática educacional esteja voltada para a transformação, não poderá agir inconscientemente e irrefletidamente. Cada passo de sua ação deverá estar marcado por uma decisão clara e explícita do que está fazendo e para onde possivelmente estará encaminhando os resultados de sua ação. A avaliação, nesse contexto, não poderá

---

7. Cipriano Carlos Luckesi. Ibidem.

ser uma ação mecânica; ao contrário, terá de ser uma atividade racionalmente definida, dentro de um encaminhamento político, dentro de um encaminhamento decisório a favor da competência de todos para a participação democrática na vida social.[8]

As notas escolares, como vêm sendo praticadas em nossas escolas, não nos ajudam a realizar o sonho, a esperança e o desejo da democratização do ensino. Ao contrário, camuflam a realidade para que não enxerguemos os seus limitados processos e resultados.

Na presente publicação, cuidaremos do fenômeno das notas escolares sob diversos ângulos. Estaremos dando atenção aos seus aspectos negativos, tais como: a distorção epistemológica presente na sua prática, por meio do contrabando entre "qualidade" e "quantidade", as distorções presentes na prática das médias simples e ponderadas, as notas escolares como um fetiche que domina a vida de educadores e educandos. Também estaremos cuidando do lado positivo, isto é, como processar o registro da qualidade da aprendizagem, transformando-o num fator a favor da qualidade positiva da educação escolar.

Estamos todos convidados a nos debruçar sobre a fenomenologia das notas escolares, a fim de que possamos atuar pedagogicamente para que nossos educandos adquiram a mestria nas aprendizagens dos conteúdos escolares que lhe são ensinados.

Desejo uma boa jornada de estudos a todos.

Cipriano Carlos Luckesi
Salvador, Bahia, novembro de 2013.

---

8. Ibidem.

Capítulo I

Distorção epistemológica: contrabando entre qualidade e quantidade nas notas escolares

1. A questão posta

A abordagem em torno das notas escolares, neste capítulo, implica uma incursão pelo campo da epistemologia, área da filosofia que trata das bases para o estabelecimento e expressão de conhecimentos válidos. Nada complicado, como veremos.

A distorção básica presente no fenômeno das notas escolares, como expressão da qualidade da aprendizagem dos educandos, tem caráter epistemológico, isto é, tem a ver com a validade da compreensão do registro da "qualidade do aproveitamento escolar do educando". As notas expressariam a *quali-*

dade da aprendizagem, todavia, são utilizadas e operadas como se fossem *quantidades*.

Nesse contexto, a primeira e fundamental distorção presente nas notas escolares tem a ver com a transformação indevida de "qualidade" em "quantidade", o que indica que se toma "qualidade" como se fosse "quantidade"; no entanto, epistemologicamente, "qualidade é qualidade" e "quantidade é quantidade". Dois fenômenos distintos que se dão à cognição de formas distintas, como também atuam de formas distintas.

Afinal, o que tem sido a nota em nosso meio educativo escolar? Por si, seria somente uma forma de registrar em documentos oficiais, por parte do educador escolar, o seu testemunho de que o educando aprendeu com *qualidade satisfatória* o que lhe fora ensinado e que efetivamente deveria ter aprendido. Todavia, na prática, a nota escolar ultrapassa essa simples modalidade de registro de informação e ganha realidade própria, permitindo, entre outras possibilidades, operações sem vínculos com a realidade da aprendizagem do educando, por exemplo, a operação com as médias entre notas, como veremos. As notas escolares tem vida própria. O modo de operar das notas escolares se assemelha a um personagem de revista em quadrinhos, que assume vida própria e, dessa forma, passa a atuar.

Registrar a qualidade do aproveitamento escolar do estudante, em si, significa documentar, numa memória oficial — caderneta escolar, pauta do professor, livro de registro de notas... —, o testemunho do educador relativo à qualidade atribuída ao resultado da aprendizagem de um educando numa determinada unidade de conhecimento.

O registro numérico, denominado de nota em nosso sistema escolar, em princípio, estaria dizendo: "Este estudante foi acompanhado por mim em 'tal' período escolar, ensinei-lhe os conteúdos 'x' e ele aprendeu suficientemente bem o que deveria ter aprendido".

Usando a terminologia anunciada na Introdução deste livro, registrar "esse testemunho" é registrar que o educando alcançou a *qualidade plena* na aprendizagem de determinado conteúdo, isto é, que o estudante aprendeu plena e satisfatoriamente o que deveria ter aprendido. E aprendeu por ter sido bem ensinado.

Todavia, historicamente, temos transformado o registro (= anotação) do testemunho da "qualidade" da aprendizagem do educando em "quantidade de qualidade". Contudo, vale observar que "qualidade" e "quantidade de qualidade" são fenômenos distintos, porém, assumidos, no cotidiano escolar e na utilização das notas escolares, como se supostamente fossem equivalentes. Todavia, não o são. O primeiro fenômeno — *qualidade* —, epistemologicamente, existe como uma atribuição, realizada por um sujeito, a um objeto em avaliação. O segundo, contudo, — *quantidade de qualidade* — epistemologicamente não existe; evidentemente tendo por base uma epistemologia válida, como veremos.

Para bem compreender o que está dito no parágrafo anterior, importa clarear alguns conceitos epistemológicos, o que implica adentrar um pouco na área da filosofia que trata dos requisitos para um conhecimento válido.

Epistemologicamente, qualidade não existe em si e por si, mas sim é "atribuída" a algo que tem propriedades "físicas" (a expressão "propriedades físicas" aqui se refere a um objeto de conhecimento que tem configuração própria; pode ser descrito e/ou até mesmo mensurável).

Os epistemólogos dizem que a qualidade existe *in alio* — isto é, "em outro" —, como uma atribuição. Esse "outro" pode ser um objeto, uma pessoa, uma obra de arte, um produto, os resultados de uma ação. Epistemologicamente, a qualidade não existe por si, devido ao fato de não ter propriedades observáveis, isto é, ela não tem substância, mas se agrega à substância de outro (no caso, do objeto qualificado).

2. Qualidade como uma atribuição à realidade

Tendo em vista compreender que não existe "qualidade" (valor) sem "quantidade" (aquilo que existe e se dá na experiência) que a sustente, importa tocar em configurações epistemológicas mínimas.

A "quantidade", por si, não contém "qualidade". Um objeto que nunca entrou numa relação de conhecimento com o ser humano simplesmente existe materialmente, mas ignorado (desconhecido), e, desse modo, tem propriedades físicas, mas não qualidade, desde que esta nunca fora possível ser-lhe atribuída.

Por outro lado, importa estar ciente de que as características da realidade não são absolutas, nem certas nem erradas. Elas são como são, com as propriedades que as constituem. Simplesmente existem. A qualidade, por sua vez, é agregada à realidade pelo ser humano, em sua relação com ela, numa determinada circunstância.

Então, o valor (qualidade) não preexiste à realidade cotidiana, como queria Platão, de forma arquetípica — "o Ser infinito, eterno é Sumo Bem"; nem existe como constitutiva do ser, como queria Aristóteles — "tudo o que existe é uno, verdadeiro, bom e belo, ontologicamente"; nem existe na suposta "natureza" metafísica de tudo o que existe, como assumiam os primeiros filósofos modernos — "cada coisa tem sua natureza e, dessa forma, ela é boa". Na epistemologia contemporânea, encontrou-se a melhor solução para a compreensão da fenomenologia da qualidade. Ela existe como uma atribuição do ser humano por sobre a realidade "material" com a qual se relaciona, numa determinada circunstância.[9]

Então, ela se faz presente através do ato de qualificar a realidade, praticado pelo ser humano, por meio dos seguintes componentes e passos: em primeiro lugar, (01) há a necessidade de objeto (realidade "material") a ser qualificado; a seguir, (02) uma qualificação atribuída à realidade "material" por um sujeito (um ser humano), que, (03) para tanto, necessita de um critério (padrão) de qualificação, (04) elaborado segundo as determinações socioculturais da circunstância na qual se dá a relação ser humano-objeto a ser qualificado.

O objeto, por si, é expresso pela sua "materialidade"; o ser humano tem seus desejos, anseios e compreensões, traduzidos no critério de qualificação; a circunstância é a ambiência sociocultural que configura o critério de avaliação e na qual ocorre a relação sujeito-objeto e se dá a qualificação.

Água, materialmente, é água, nada mais que isso; mas água no deserto, com um homem sedento (circunstância), se torna

---

9. Caso o leitor esteja interessado em aprofundar a compreensão epistemológica sobre as relações entre quantidade e qualidade na história do pensamento filosófico, encontrará anexo a este capítulo um texto que trata do tema.

qualitativamente como o maior de todos os bens preciosos que poderia aparecer em sua frente.

Experiências semelhantes ocorrem em todas as situações onde o sujeito humano atribui uma qualidade a uma determinada realidade. Objeto qualificado, qualificação com base num critério e circunstância na qual ocorre a qualificação são os componentes de qualquer atribuição de qualidade, seja ela direcionada a objetos materiais, culturais ou sociais e humanos.

Um exemplo do cotidiano pode ajudar a compreender de forma mais significativa esses conceitos:

- uma pepita de ouro "dezoito quilates" — e, pois, um objeto material — é uma realidade com características físicas diferentes de outra pepita de ouro "vinte e quatro quilates"; do ponto de vista da realidade material, esses objetos simplesmente são diferentes entre si por suas características materiais;
- contudo, na sua relação com o ser humano, recebem valores (qualidades) diferenciados, em função de algum critério socialmente estabelecido; no caso, atribui-se mais qualidade (valor) ao ouro vinte e quatro quilates.

Qual a razão para que isso aconteça? A existência de um critério de qualificação configurado em conformidade com a circunstância onde se dá a qualificação.

A um sujeito que viveu há dez milhões de anos passados, certamente, esse metal (pepita de ouro), caso fosse conhecido, seria simplesmente um metal. Para nós, historicamente vivendo no século XXI, no entanto, devido às circunstâncias socioculturais (afetivas, decorativas, crenças...) e econômicas, nas quais estamos inseridos, esses objetos ganham qualidades diferenciadas conforme preencham mais aos critérios estabelecidos, sejam eles do senso comum ou criticamente estabelecidos.

O ouro vinte e quatro quilates tem "características físicas" diferentes do ouro dezoito quilates. Esse fato, do ponto de vista do material, não produz nenhuma fenomenologia nova, ou seja, temos duas pepitas de ouro, uma com dezoito e outra com vinte e quatro quilates.

Contudo, a atribuição de qualidade a esses dois objetos, tendo por base um determinado critério de qualificação — que responde às configurações socioculturais de determinada circunstância [o que se vai fazer com ele?; um objeto estético?; uma joia?; etc. [...]; além do que, no comércio, esses objetos ganharão outras tantas qualificações com base no valor de troca como mercadoria] —, gera duas expressões fenomenológicas, uma mais valiosa que outra: uma peça feita com ouro vinte e quatro quilates vale mais que outra peça feita com ouro dezoito quilates. A qualificação, em decorrência do investimento humano na peça, produz uma diferenciação entre elas.

Então, em síntese, *quantidade* tem a ver com substância (aquilo que "está sob", que sustenta), com realidade, com propriedades "físicas";[10] e *qualidade* tem a ver com atributo à realidade, realizado pelo ser humano como um "ser de relação com o mundo" e com tudo o que o cerca, numa determinada circunstância, que possibilita essa ou aquela qualificação, a depender do que se defina como critério de qualidade.

---

10. O uso das aspas no termo *física* indica que tais propriedades podem ser *materialmente físicas*, como coisas materiais, mas também podem ser condutas, que não são materiais, contudo, são observáveis e podem ser descritas.

Os critérios de qualificação no cotidiano são usuais, quase pertencem ao senso comum, ou seja, são utilizados e praticados rotineiramente, quase de forma inconsciente, tão entranhados eles se encontram em nossas vidas. Todavia, existirão circunstâncias na vida, inclusive na aprendizagem escolar — que é o nosso campo de atuação —, em que o critério de qualificação necessita ser *conscientemente* definido e assumido.

Prática semelhante ocorre com todos os processos da vida humana. Observar, por exemplo, que, num procedimento judicial, primeiro existe uma fase de configuração da realidade dos atos acontecidos — uma descritiva do que ocorreu — e só num segundo momento se passa para a atribuição de qualidade aos fatos constatados, chegando finalmente ao "veredicto" — ajuizamento —, de condenação ou absolvição, uma escolha com base em valores (qualidades).

O ser humano, em suas relações, dá significado e qualidade a tudo o que lhe cerca, tendo por base algum critério de valor assumido (os critérios, no caso, nunca são absolutos, desde que vinculados às circunstâncias socioculturais, que lhes dão contornos); o objeto da qualificação pode ser objetos em geral, outros seres humanos, experiências, resultados de uma ação...

O fato epistemológico, abordado acima, nos lembra que a *qualidade* não é e não pode ser *quantidade de qualidade*, como se pratica indevidamente nas notas escolares, pois que:

- "quantidade" é uma característica do que existe "extensamente", realidade perceptível, mensurável; aquilo que é;
- e, "qualidade" é uma característica atribuída à realidade pelo sujeito que com ela convive e a avalia.

Mais um exemplo do cotidiano permite refinar essa compreensão. Ao se afirmar que uma determinada "mulher é bela", mulher é "ser", substância; mas "beleza" é uma atribuição. Comparando-se as características físicas dessa determinada mulher — características observáveis — com um determinado padrão de beleza, chega-se à conclusão de "ela é uma mulher bela", isto é, ela preenche as características estabelecidas no critério de qualificação; ou não será assumida "como bela", quando suas características físicas não preenchem os requisitos pré-estabelecidos de beleza feminina.

As categorias gramaticais do "substantivo" e do "adjetivo" talvez nos facilitem compreender isso. A gramática define o substantivo como o termo que diz "o que a coisa é" ("extensa", "mensurável"). Já o adjetivo é definido como o termo que "qualifica o substantivo", isto é, é uma atribuição qualitativa "àquilo que é". No caso, "aquilo que é" tem substância, "quantidade", mas aquilo que é atribuído "ao que é" não tem substância (quantidade). Já o adjetivo expressa qualidade.

Uma atribuição não tem *ipseidade*, não tem realidade em si. Então, gramaticalmente, com uma base epistemológica consistente, se afirma que a qualidade não existe *em si*, mas *em outro*, sob a forma de atributo.

É interessante observar que, em gramática, quando se deseja *substantivar* um adjetivo (= transformar um adjetivo em substantivo) usa-se o expediente da "abstração".

Beleza, por exemplo, gramaticalmente, é o hipostasiamento (colocação de realidade onde ela não existe) do adjetivo "belo". Belo não existe por si, mas em outro, um ser ao qual é atribuída a qualidade de "belo" — mulher bela, casa bela... O mesmo ocorre com todos os outros adjetivos.

Às palavras constituídas como resultado dessa prática gramatical se dá o nome de *substantivo abstrato*. No caso, do substantivo abstrato "beleza", beleza, por si, não existe; o que existe, porém, é "alguma coisa que é bela", um objeto ao qual é atribuída essa qualidade.[11]

3. Quantidade e qualidade na prática da avaliação da aprendizagem na escola

Essas compreensões epistemológicas sobre "quantidade" e "qualidade" nos permitem concluir que não existe *quantidade de qualidade*, como ocorre na expressão das notas escolares.

Vamos a um exemplo da sala de aula que permite compreender o salto indevido de "qualidade" para "quantidade de qualidade" que se pratica na escola. Algo que, fenomenologicamente, por tudo o que vimos anteriormente, não existe.

A escola, por meio da atribuição de notas, pratica um salto de "qualidade" para "quantidade de qualidade", porém, epis-

---

11. Para uma compreensão mais ampla das relações entre ser e valor (quantidade e qualidade), ver Adolfo Sanchez Vásquez, *Ética*. Rio de Janeiro, Civilização Brasileira (existem edições [reimpressões] em variados anos); ver também Frondizi, Rizieri. *Que son los valores?* México: Fondo de Cultura Económica, 1958. Vale a pena ver ainda Morente, Manuel Garcia. *Fundamentos de filosofia*. São Paulo: Mestre Jou, 1967. Nesse livro, existem quatro capítulos que tratam da ontologia, sendo que um deles estuda especificamente a "Ontologia dos valores", p. 273-312. Pode-se ver também um estudo meu intitulado "Educação, avaliação qualitativa e inovação", *Textos para Discussão*, Inep, n. 37, 2012. (Série Documental), no qual abordo a questão da "quantidade"/"qualidade" na avaliação em educação. Disponível em: <www.publicacoes.inep.gov.br/arquivos/%7B37A31349-999C-4F13-A56EE5DEAF09ED11%7D_TD%2037.pdf>.

temologicamente, essa prática é indevida frente a todos os argumentos epistemológicos que apresentamos anteriormente.

Um determinado professor ensinou adição e subtração, em aritmética. Um estudante obteve — no contexto da nossa tradição escolar (ainda hoje presente em nossas instituições de ensino) — a nota 10,0 em adição e a nota 2,0 em subtração.

Como registro de um testemunho da qualidade da aprendizagem do educando, o 10,0 (dez) expressando a qualidade da aprendizagem em adição diz que esse estudante "aprendeu *satisfatoriamente* o que deveria ter aprendido", com qualidade excelente; e, por outro lado, o registro 2,0 (dois) testemunha que esse mesmo estudante não aprendeu o que deveria ter aprendido sobre subtração, por isso, a qualidade do resultado de sua aprendizagem é *insatisfatória*.

Contudo, em nossa escola, o registro da qualidade da "aprendizagem excelente" e da qualidade de "aprendizagem insatisfatória" são transformadas, de modo imediato, nos números decimais "10,0" e "2,0". No caso, as "qualidades" são transformadas, indevidamente, em "quantidades de qualidade", o que possibilita que a qualidade simbolizada por 10,0 passa a ser, indevidamente, "quantidade dez" e a qualidade simbolizada por 2,0 passa a ser, indevidamente, "quantidade dois". Por si, 10,0 e 2,0 são símbolos que registram as *qualidades*, mas, por um misterioso procedimento, dão um salto para *quantidade*.

De fato, não há uma razão epistemológica para essa passagem, contudo, ela é praticada; por isso mesmo, indevida.

A partir daí, as operações realizadas com as notas escolares não têm fundamentos epistemológicos sustentáveis; elas ocorrem num vazio epistemológico. Nesses procedimentos de atribuição de notas escolares e, depois, obtenção das médias entre notas, opera-se exclusivamente com números *abstraídos* da qualidade que eles simbolicamente representam, fato que permite todos os malabarismos que conhecemos e com os quais nos acostumamos.

Aparentemente, os números (notas), na prática escolar, expressariam as qualidades das aprendizagens dos educandos, o que, de fato, não é verdade do ponto de vista epistemológico, como tivemos oportunidade de verificar no decorrer deste capítulo.

A distorção epistemológica constatada — contrabando de qualidade para quantidade — é a distorção básica presente nas notas escolares, que sustenta outras distorções como veremos nos capítulos subsequentes deste livro. Distorção que prejudica compreender o que, efetivamente, significa qualidade de aprendizagem, pois que usualmente se opera com médias de notas e não com aprendizagem satisfatória. A transformação indevida de *qualidade* em *quantidade de qualidade* possibilita fazer operações matemáticas com as notas que nos enganam quanto à efetiva qualidade da aprendizagem dos educandos. Veremos isso, com detalhes, no capítulo subsequente deste livro.

4. Avaliação qualitativa e avaliação quantitativa

A distorção acima assinalada permite uma observação sobre os conceitos que comumente circulam em nosso meio educacional a respeito de *avaliação quantitativa* e *avaliação qualitativa*.[12] A distorção apontada anteriormente de transformação indevida de qualidade em "quantidade de qualidade" aqui se exacerba, tomando a própria "quantidade" como se fosse "qualidade": a qualidade, que é o campo próprio da avaliação, na "denominada avaliação quantitativa" é simplesmente substituída pela quantidade.

E importa notar que "quantidade", no caso da denominação "avaliação quantitativa", tem a ver com a nota escolar atribuída sobre o desempenho cognitivo do educando. Pelo fato do desempenho em testes, provas, tarefas, atividades ser cognitivo e traduzido em nota (aparentemente quantidade), deu-se um salto para afirmar que a prática da avaliação quando incide sobre desempenhos cognitivos é "quantitativa".

De fato, não existe "avaliação quantitativa"; avaliação, para efetivamente ser avaliação, implica que seja qualitativa, pois que avaliação significa *atribuir valor* (qualidade) a um determinado objeto.

O termo *avaliar* tem sua origem etimológica no verbo latino *avalere* (a + valere), "atribuir valor a...". Então, usar a expressão "avaliação quantitativa" expressa uma conduta epistemológica inadequada; por outro lado, usar a expressão "avaliação qualitativa" implica um pleonasmo desnecessário, desde que toda e qualquer prática avaliativa está comprometida com "qualidade".

O uso equivocado dessas supostas modalidades de avaliação — quantitativa e qualitativa —, além de estar comprome-

---

12. Sobre a temática abordada, ver Cipriano Carlos Luckesi, "Educação, avaliação qualitativa e inovação". *Textos para Discussão*, Inep, n. 37, 2012. (Série Documental, v. II.). Disponível em: < http://www.publicacoes.inep.gov.br >.

tido com a distorção epistemológica presente nas notas escolares, acima estudadas, teve sua origem com a publicação da Lei n. 5.692/1971, em 11 de agosto de 1971, a qual fazia um adendo à Lei de Diretrizes e Bases da Educação Nacional, n. 4.024, de 1961. Essa Lei, no seu artigo 14, parágrafo 1º, diz que "Na avaliação do aproveitamento, a ser expressa em notas ou menções, preponderarão os aspectos qualitativos sobre os quantitativos e os resultados obtidos durante o período letivo sobre os da prova final, caso esta seja exigida".

Sem compreender suficientemente bem o que o legislador propunha com a expressão "preponderarão os aspectos qualitativos sobre os quantitativos", nós educadores assumimos que "qualidade" tinha a ver com aprendizagem de condutas comprometidas com os aspectos afetivos da vida do educando e que "quantidade" estava comprometida com a aprendizagem de condutas cognitivas por parte do educando. Uma compreensão equivocada do que era proposto.

A professora Sandra M. Zakia Sousa, em seu artigo "Avaliação da aprendizagem na legislação nacional: anos 1930 aos dias atuais", confirma a compreensão equivocada desse dispositivo da Lei n. 5.692/1971 e explicita, com base no *Boletim* n. 14 do Departamento de Ensino Fundamental do MEC, o sentido dessa proposição, que tem a ver com o refinamento da aprendizagem, por meio da constituição das habilidades do educando. Ela diz textualmente:

> Destaca-se, em relação à avaliação do aproveitamento escolar, *a preponderância dos aspectos qualitativos sobre os quantitativos*, tal como expresso na LDB, orientação que mereceu esclarecimentos, na legislação e em documentos do Ministério da Educação, *para se evitar a relação indevida entre os aspectos qualitativos e o desen-*

volvimento emocional do aluno. A título de ilustrar essa afirmação, no *Boletim* n. 14, do Departamento de Ensino Fundamental do MEC, há a indicação de que *os aspectos qualitativos referem-se ao desenvolvimento de habilidades intelectuais do aluno*, isto é, o que se espera é que seja avaliado não apenas se o aluno memorizou informações (aspectos quantitativos), mas sua capacidade de utilizá-las em novas situações, para a solução dos problemas com que se defronte. Como registra o Parecer n. 360/74, "a função mais alta da escola atual é a de habilitar o indivíduo a viver num mundo em transformações" (grifos meus).[13]

No caso, quantidade referia-se à "quantidade de conteúdos", tópicos ou unidades de conhecimento, utilizados no ensino em um determinado período de tempo; e "qualidade" referia-se ao refinamento da apropriação dos conteúdos, transformando-os em habilidades, qualitativamente significativas, de uso desses conteúdos.

Dois sujeitos cantam uma determinada melodia, porém, um é mais refinado do que o outro no seu canto, isto é, ele apresenta uma qualidade mais sofisticada no seu modo de cantar, revelando seu conhecimento sobre o que compreende e o que faz. Qualidade não tem a ver nem com a quantidade de peças musicais cantadas nem com as informações sobre estas, mas, sim, com o refinamento dos conhecimentos sobre a peça musical e a habilidade de cantar.

Como não se compreendeu com adequação a proposição contida no texto legislativo, enveredou-se por compreender que "quantitativo" tinha a ver com cognitivo e "qualitativo" com a

---

13. Souza, Sandra M. Zakia. *Avaliação da aprendizagem na legislação nacional*: de 1930 aos dias atuais. Disponível em: <www.fcc.org.br/pesquisa/publicaacoes/eae/arquivos/1536/1536.pdf>. Acesso em: 15 jun. 2013, p. 11.

faceta afetiva do educando, interpretação do texto legal considerada inadequada pelo *Boletim* n. 14, do Departamento de Ensino Fundamental/MEC, lembrado na citação anterior.

Essa distorção no entendimento do que efetivamente significava "quantitativo" e "qualitativo" no texto da lei conduziu a situações extremas tais como a exposta a seguir.

Numa determinada escola, nos anos 1970, admitiu-se que, numa escala de 0 (zero) a 10 (dez), atribuía-se nota 6,0 (seis), e suas frações, ao qualitativo (denominação utilizada para designar o afetivo); ao quantitativo (cognitivo) era atribuída a nota 4,0 (quatro) e suas frações.

As notas 6,0 e 4,0 supostamente representavam as qualidades atribuídas, respectivamente, aos aspectos afetivos e aos aspectos cognitivos da aprendizagem dos educandos.

Essa decisão, já distorcida pela compreensão indevida e inadequada dos conceitos de qualitativo e quantitativo, conduziu a uma distorção subsequente. Nessas condições, um estudante que fosse bem comportado disciplinarmente e fosse amistoso em suas relações (qualitativo) com os seus colegas na classe da matéria Matemática (ou em outra qualquer) seria aprovado nesse conteúdo, mesmo que nada tivesse aprendido cognitivamente sobre ele (quantitativo), pois que teria obtido a nota 6,0 (seis) pela predominância do qualitativo (afetivo) e, no entanto, para sua aprovação, necessitava exclusivamente da nota 5,0 (cinco), nota de aprovação na referida escola.

Estar-se-ia, dessa forma, testemunhando que ele havia aprendido o que não aprendera.[14]

---

14. Em períodos da história da educação no Brasil, anteriores à Lei n. 5.692/1971, havia, nas escolas, uma nota para a aprendizagem dos conteúdos cognitivos e uma

Diante desse quadro e tendo presente as abordagens já realizadas neste capítulo, podemos facilmente compreender a distorção presente nessa decisão, tendo por base a ideia de "predominância do qualitativo sobre o quantitativo".

Evidentemente que uma situação como a descrita foi minoria mesmo no período dos anos 1970, logo após a promulgação da lei, mas ela revela bem a compreensão inadequada, ao extremo, do texto da lei.

Hoje, certamente, não temos casos como o relatado, todavia, constantemente, em seminários, simpósios e conferências emergem perguntas sobre esses supostos dois tipos de avaliação, a qualitativa e a quantitativa, ou seja, perguntas que ainda nascem da compreensão equivocada desses conceitos, fato que indica que nós educadores ainda não saneamos em nossas mentes as consequências emergentes desse equívoco de entendimento, ocorrido no passado.

Para nos contrapormos a esse equivocado entendimento do quantitativo e do qualitativo em práticas avaliativas, retomemos o entendimento de que "qualidade" se refere a um atributo sobre "quantidade", onde quantidade oferece a base "material" para a atribuição da qualidade.

Com essa compreensão, entende-se consequentemente que, num processo avaliativo em geral e da aprendizagem em específico, tanto uma conduta afetiva quanto uma conduta cognitiva se expressam em quantidade, sobre a qual se atribui uma qualidade.

---

para comportamento, entendido como condutas sociais. Contudo, não se fazia média entre essas notas nem eram somadas para formar um todo, como no exemplo utilizado no corpo de texto. As notas eram de 0 (zero) a 10 (dez) para o cognitivo e de 0 (zero) a 10 (dez) para as condutas afetivas.

Não são, pois, fenômenos separados, mas, sim, distintos e articulados numa determinada ordem: quantidade como suporte da qualidade.

Um exemplo auxilia a compreender adequadamente como tanto na experiência cognitiva quanto na experiência afetiva o quantitativo serve de base para o juízo qualitativo, ainda que ele não tenha a qualidade intrinsecamente em si.

Tomando, inicialmente, uma situação de desempenho *cognitivo*, vamos supor que estejamos avaliando o desempenho na aprendizagem dos conteúdos relativos a "equação do 1º grau" em matemática, portanto, um área *cognitiva* de aprendizagem; e que, das 25 questões de um determinado instrumento de coleta de dados para a avaliação da aprendizagem, que deveria responder, tendo em vista manifestar seu desempenho nesse conteúdo, um determinado estudante respondeu satisfatoriamente 22 das 25 questões. Sobre essa quantidade de 22 questões, corretamente respondidas, em relação a 25, usando o critério de "número de acertos", atribuiríamos uma "qualidade satisfatória" ao desempenho desse estudante.

Contudo, supondo que esse estudante, em vez de 22 questões respondidas corretamente, manifestasse seu desempenho, resolvendo adequadamente somente 2 questões. Nesse caso, atribuiríamos ao seu desempenho uma "qualidade insatisfatória".

A qualidade *satisfatória* seria atribuída ao desempenho do determinado estudante, tendo por base o critério "número de acertos". Ele respondeu corretamente a 22 questões em 25; a quantidade de respostas corretas estava bem próxima do ideal (critério). A qualidade *insatisfatória*, de modo semelhante, tem sua base na quantidade de acertos, no caso, 2 frente a 25 questões; a quantidade de respostas corretas estava bem distante do ideal (critério). Em ambos os casos, a quantidade é base para a qualidade, diante do critério estabelecido.

No âmbito da aprendizagem de *condutas afetivas*, o processo se dá de modo equivalente, ou seja, uma qualidade atribuída com base numa quantidade, com base em um critério, que, para exemplificar, vamos utilizar o mesmo: quantidade de desempenhos positivos.

Para nos aproximarmos da compreensão dessa afirmação, importa a pergunta: Que condições são necessárias para que possamos afirmar que um estudante é possuidor de uma qualidade afetiva positiva?

Vamos supor que, em 100 (cem) oportunidades de exercer a amistosidade, um estudante teve uma conduta positiva na convivência amistosa com os colegas somente em 10 (dez) dessas 100 (cem) ocasiões. Creio que, nessa situação, nenhum de nós atribuiria a qualidade "satisfatória" a esse item da conduta do educando.

Mas, se, de outra forma, nas 100 (cem) oportunidades que teve para ser amistoso, o referido estudante se manifestasse efetivamente amistoso com os colegas em 95 (noventa e cinco) das 100 oportunidades, certamente que, no que se refere a esse estudante, atribuiríamos a ele a "qualidade" de amistoso. Ou seja, mesmo no que se refere aos aspectos afetivos do educando, a qualidade é atribuída com base na quantidade; aqui, no caso, a frequência de vezes em que ele teve a conduta amistosa.

Esses exemplos nos levam a entender que, epistemologicamente, tanto nos *aspectos cognitivos* quanto nos *aspectos afetivos*, toda prática avaliativa só pode ser qualitativa — uma atribuição de qualidade a alguma coisa existente (quantidade), o que coloca em questão o senso comum, que desenvolvemos nesses últimos quarenta anos da educação brasileira, no que se refere às práticas avaliativas escolares, denominando a avaliação de condutas afetivas por avaliação qualitativa e denominando a avaliação de aspectos cognitivos por avaliação quantitativa.

Para uma prática minimamente saudável da avaliação da aprendizagem, a distorção epistemológica da relação entre quantidade e qualidade necessita ser ultrapassada e integrada. A obtenção de uma qualidade plena na aprendizagem escolar depende de variados fatores, mas também deste, isto é, que as fenomenologias de "quantidade" e "qualidade" sejam utilizadas de forma conceitual e prática de um modo epistemologicamente sustentável e válido, fato que não tem acontecido cotidianamente em nossa prática escolar.

Para concluir essa abordagem sobre cognitivo e afetivo, importa observar que o ser humano é um todo, ou seja, não há como agir cognitivamente sem que o afetivo esteja presente, sem a sua permissão; de forma semelhante, não há como agir afetivamente sem que o cognitivo possibilite compreender o que estão ocorrendo, a menos, é claro, que haja uma perturbação, seja ela fisiológica ou psicológica, interferindo.

ANEXO

Por uma compreensão epistemológica da relação entre qualidade e quantidade

Este Anexo ao Capítulo I tem a intenção de subsidiar os leitores que tenham o desejo de compreender a trama histórica por meio da qual se chegou à atual relação entre quantidade e qualidade. Tendo em vista não tornar mais exigente a leitura e estudo do capítulo, optei por colocar essa abordagem em anexo, o que oferece ao leitor a escolha de adentrar nessa senda ou não, desde que, para compreender a relação quantidade-qualidade não há necessidade estrita de entrar nesse campo de conhecimentos.[15]

O estabelecimento de uma base epistemológica para a compreensão da prática com valores (qualidades) tem uma história que remonta à antiguidade clássica grega. O estudo dessa temática esclarece as bases epistemológicas para a distinção entre quantidade e qualidade, o que implica que são fenômenos comprometidos com a abordagem das notas escolares.

A filosofia, desde a antiguidade até nossos dias tem investido esforços na compreensão da relação entre "ser" e "valor" e, pois, entre "quantidade" e "qualidade". Os filósofos gregos — Platão, que viveu em Atenas entre os anos de 428 e 348 a.C.,

---

15. Pretendendo aprofundar esses estudos, ver a bibliografia indicada na nota de rodapé n. 10 deste capítulo.

e Aristóteles, que viveu em Estagira e Atenas entre os anos de 384 e 322 a.C. —, cada um deles a seu modo e segundo sua perspectiva, estabeleceram compreensões para essa fenomenologia, com uma influência que atravessa séculos e, de alguma forma, chega até nós; filósofos modernos e contemporâneos também fizeram suas intervenções nessa temática, trazendo sempre novos esclarecimentos e novas possibilidades.

No que segue, trago algumas indicações dessas abordagens (filosofia antiga, filosofia moderna, e filosofia contemporânea), suficientes para, minimamente, se compreender o fundamento da distorção epistemológica na qual cai a prática das notas escolares, assinalada no capítulo I deste livro.

1. Qualidade na filosofia clássica antiga e medieval

Os filósofos gregos antigos e filósofos medievais — de linha de pensamento vinculada a Platão e a Aristóteles — acreditavam que *ser* ("aquilo que é"; substância, aquilo que subsiste por si) e *valor* (qualidade) eram equivalentes na sua essência (constituição). A frase latina — *Esse et bonum convertuntur* —, que expressa um modo de pensar dos gregos e romanos na antiguidade, traduz a compreensão de que "Ser e bom se convertem entre si", isto é, quando se diz "ser", simultaneamente se diz "bom"; e, quando se diz "bom", simultaneamente se diz "ser". Isto é, ser e valor expressam a mesma realidade.

Não se pode esquecer que essa compreensão é metafísica, ou seja, ela não se assenta sobre dados da experiência cotidiana do ser humano; ela, no caso, se dá no seio de entendimentos abstratos, metafísicos, sem relação com as circunstâncias históricas, sociais, culturais e emocionais.

Platão compreendia o "Ser como o arquétipo perfeito de tudo o que existe". Ele é infinito, eterno, imutável; e, dessa forma, determina como deve agir o ser humano na sua experiência cotidiana, mutável. Aristóteles — seu discípulo, mas, ao mesmo tempo, de alguma forma, seu contestador — afirmava que o "ser" é a noção mais abrangente que existe, por isso, não podia ser definido por meio do modo comum de estabelecer conceitos acerca da realidade, isto é, pela relação entre gênero e espécie. A noção mais abrangente sempre expressa o gênero, nunca a espécie.[16] A noção de ser é a noção perfeita e, como tal, metafisicamente, contém em si as qualidades universais da realidade. Então, o ser, enquanto ser (fora de toda e qualquer outra condição), é uno, verdadeiro, bom e belo.[17]

Para a filosofia clássica ocidental (greco-romana), o "Ser" é o fundamento de tudo o que existe, e as qualidades — "unidade", "verdade", "bondade" e "beleza" — são alçadas à sua equivalência, ou seja, tudo o que existe, só por existir, é ontologi-

---

16. Aristóteles, em seus estudos e escritos sobre a lógica do pensamento, concebe que as definições conceituais sobre a realidade se dão por uma relação entre gênero e espécie, isto é, alguma coisa, para ser definida, situa-se dentro de um gênero e especifica-se por uma particularidade, que a identifica. Por exemplo, "homem é um animal (gênero) racional (espécie)". No caso do "ser", não existe nenhum gênero ao qual pertença, à medida que é a noção mais abrangente que existe.

17. Aristóteles entendia que o "ser, enquanto ser", era *uno* (indiviso; cada ser tem sua individualidade plena; "ele é"), *verdadeiro* (cada ser é o que é, não pode ser outra coisa, por isso, é plenamente verdadeiro em si mesmo; podemos até não reconhecer sua verdade, mas ele, em si, é verdadeiro) e *bom* (a bondade é uma qualidade universal de tudo o que existe). A beleza, como qualidade universal vinculada ao ser, foi um acréscimo feito por filósofos medievais seguidores de Aristóteles.

camente (= constitutivamente) "uno", "verdadeiro", "bom" e "belo". A inversão da equação também é válida: tudo o que é ontologicamente "uno", "verdadeiro", "bom" e "belo" é ontologicamente "ser".

Repito: não podemos esquecer que os filósofos clássicos faziam suas afirmações de um ponto de vista metafísico, no mais lídimo sentido de *meta-físico*[18] (além do físico), aquilo que está no âmbito do permanentemente abstrato e desvinculado da experiência material e cotidiana.[19]

A abordagem metafísica tem sua razão de ser dentro de sua óptica — uma visão abstrata —, ainda que não nos ajude no cotidiano e até mesmo chegue a contradizê-lo ou negar-lhe validade.[20] Então, nesse âmbito de tratamento, a realidade não está comprometida com o que ocorre conosco no dia a dia e com o nosso entorno; afinal, com aquilo que se dá na experiência.

---

18. A compreensão que Platão tem do mundo cotidiano e da experiência nos permite bem compreender o que se entende por metafísico. Para Platão, a realidade cotidiana é sombra da realidade infinita, eterna, imutável e, por isso verdadeira, que só se dá no mundo das ideias, que, para ele, era o mundo real. A "alegoria da caverna", largamente divulgada em nosso meio sociocultural, revela essa compreensão. Os homens vivem na escuridão da caverna e só chegarão à luz se se voltarem para o mundo arquetípico das ideias. Aristóteles, seu discípulo divergente, traz a essência para o mundo do cotidiano, mas o trata sob a ótica "do ser enquanto ser", isto é, aquilo que está para além da experiência (meta-físico).

19. A Ontologia é o campo de conhecimentos filosóficos que se dedica a compreender a essência de cada fenômeno existente. A ela não importa a existência cotidiana, mas sim sua faceta constitutiva. Desse modo, "todo ser tem em si as mais significativas e profundas qualidades (verdade, bondade e beleza) na sua concepção abstrata"; daí que "dizer ser, obrigatoriamente, é dizer valor", pois que "um ser, sem valor, não seria ser".

20. Platão, assumindo que a verdadeira realidade é absoluta, infinita e eterna, e que, por isso, só objeto do que considerava como conhecimento verdadeiro, a *episteme*, desdenhava a realidade cotidiana porque mutável, e, dessa forma, objeto do conhecimento opinativo --- doxa ---, conhecimento sem validade segura.

A visão metafísica do "ser" suprimia o sujeito existencial do conhecimento (o ser humano na circunstância do *aqui* e do *agora*, com todas as suas facetas — biológica, afetiva e cognitiva), por isso, podia tratar do "ser enquanto ser", como o fez Aristóteles, sem seus vínculos com a experiência circunstancial do ser humano, ou, como o fez Platão, abordando o "ser como o arquétipo perfeito de tudo o que existe"; Sumo Ser, Sumo Bem.

Nesse contexto, não se admite — ou não se poderia admitir — que o "ser" não contivesse em si, em plenitude absoluta, as qualidades consideradas universais e absolutas — unidade, verdade, bondade, beleza —, sempre metafísicas, fora do contexto da experiência material, ou seja, tudo o que existe, pelo fato de existir, é uno, verdadeiro, bom e belo. Caso não tenha essas qualidades, diz-se que sofre de uma carência "de um bem que lhe é devido". A visão, por exemplo, é um bem que é devido ao ser humano, só pelo fato de existir como ser humano [isto é, todo ser humano, simplesmente por existir, tem direito essencial à visão, desde que esse bem lhe é constitutivo]. Já a cegueira em alguém expressa a *"carência* de um bem que lhe é devido", mas não lhe suprime a qualidade. Podemos até não sermos capazes de nos apercebermos das qualidades universais presentes em tudo o que existe, mas essa é uma incapacidade nossa, de "existentes", não do ser.

Tendo por base essa compreensão da relação entre ser e valor, tendo em vista orientar a retidão da ação humana cotidiana, deduziu-se que "ao ser, segue-se o agir", ou seja, comprometido com a essência daquilo que existe, obrigatoriamente (ontologicamente) segue-se um modo obrigatório de agir. Não se tem escolha. É o ser que determina o modo de agir, pois, constitutivamente, ele é o próprio valor, a própria qualidade, que orienta a ação.

Nesse contexto, a afirmação — "ao ser, segue-se o agir" — implica obrigatoriamente em um único modo correto de agir: uma pedra só pode e deve agir como pedra; um animal só pode e deve agir como animal; um ser humano só pode e deve agir como um ser humano. Ao ser de cada um segue-se ontologicamente (constitutivamente) o seu agir. Determinação absoluta.

Todavia, a essa altura, cabe a pergunta: "Quem conhece o ser para se ter certeza do modo adequado e correto de agir?" Respondendo a essa pergunta, vagarosamente, na história da humanidade, assumiu-se que quem "conhece o ser" é autoridade (seja ela qual for: o rei, o imperador, o papa, as religiões, os livros sagrados...) e, por conhecê-lo, ela determina "o que é certo" e "o que é errado" no agir humano, isto é, o que se pode e o que não se pode fazer; o que se deve e o que não se deve fazer. Daí nasce o autoritarismo e as diversas modalidades de "patrulhamento ideológico", transformando-se, aqui e acolá, em tribunais de inquisição.[21]

Contudo, para aquilo que nos interessa aqui, abordando notas escolares, importa que fique claro que, no início da filosofia ocidental — e muitas escolas filosóficas, hoje, ainda compreendem dessa forma —, se compreendia que o ser, por conter em si a perfeição em plenitude, determinava o valor e, pois, a ação decorrente dele, à medida que se compreendia que ser e valor eram a mesma coisa.

Então, se o ser era absoluto, o valor também o era. E, consequência disso, se a autoridade conhecia o ser, ela era sempre

---

21. Uma referência ao modo de julgar e condenar dos tribunais inquisitoriais da Idade Média, mas também a todos os patrulhamentos ideológicos que já ocorreram e continuam a ocorrer na humanidade, produzindo sucessivos holocaustos em diversas e variadas partes do mundo e da história.

justa e adequada ao definir qual era o agir correto para o ser humano no seu cotidiano. A qualidade que orienta a vida e as ações humanas está no ser; quem conhece o ser é a autoridade e, por isso, está sempre correta nos seus ditames.

2. A qualidade na filosofia moderna e contemporânea

Com a modernidade emergente a partir dos séculos XVI e XVII e, no seu contexto, com o advento das novas teorias do conhecimento (Galileu Galilei estabelece seus estudos com base na experiência e em sua matematização; Newton matematiza todas as compreensões que produz do mundo físico, próximo e distante), assim como, um pouco mais à frente, nos séculos XVIII e XIX, com o advento das ciências humanas — história, sociologia, psicologia, antropologia —, produziu-se a distinção e o desatrelamento entre "ser" e "valor", estabelecendo uma descritiva apropriada de cada uma dessas duas fenomenologias, próprias do mundo humano, afirmando que, de um lado, "o ser é" e, de outro, que "o valor vale".

De ora em diante, "ser e valor" até podem continuar a ser abordados como equivalentes, mas isso somente de modo abstrato, metafísico, fora da vida cotidiana e da experiência, como o fizera a filosofia clássica. No seio da experiência cotidiana, vivencial e da experiência, "ser" e "valor" dão-se como fenômenos distintos, cada um com sua especificidade.

E, nesse sentido, importa ter presente que, na primeira parte da era moderna (séculos XVI e XVII), ainda se permaneceu a pensar metafisicamente a respeito de tudo o que existe, ainda que sua base já não fosse nem o "ser arquetípico" nem o "ser enquanto ser", mas a "natureza" de cada existente. Então, se dizia que cada ser deveria "seguir sua natureza", o que, de certa forma, repetia a visão metafísica clássica de que "cada ser" tem sua constituição própria e, a ela, segue-se o seu agir.

Dizia-se, então, por exemplo, que *por natureza*, o ser humano deveria ser solidário". Enquanto os clássicos diziam que "o ser determina o agir", os modernos diziam que "a natureza determina o agir".[22]

Já na segunda parte da modernidade (séculos XVIII e XIX), desvenda-se que "ser" e "valor" são dois fenômenos diferentes, ainda que relacionados. Essa nova compreensão rompe definitivamente com a filosofia clássica e, dessa forma, produziu uma revolução nos costumes e modos de agir do ser humano; afinal, atuou em todas as áreas da ação humana — ética, política, religião, relações interpessoais e muitas outras.

Se "ser" e "valor" são fenômenos distintos, o agir humano, que tem sua base no valor, não mais está atrelado abstratamente ao "ser", não mais terá de seguir ontologicamente os ditames do "ser" e, pois, consequentemente, das autoridades que assumem para si o direito exclusivo de "conhecê-lo" e, então, determinar como devem agir os seus pares na vida social.[23]

---

22. O leitor interessado nessa problemática filosófica poderá tomar uma obra de história da filosofia e verificar como os autores do início da era moderna pensavam e propunham a ação humana a partir dessa base; o ser humano deveria agir em conformidade com sua *natureza*. Então, só tinha duas possibilidades — ou agir *segundo sua natureza* ou *contra* ela.

23. Observar que a legislação nos países democráticos são produtos de decisões entre pares, mas não mais da autoridade suprema do rei, do papa ou de qualquer outra autoridade que se coloque diante dos homens como absoluta.

Immanuel Kant, filósofo alemão que viveu entre os anos 1724-1804, foi aquele que assentou as bases da distinção e, pois, do desatrelamento entre "ser" e "valor" no seio da filosofia e da prática humana. No seu modo de ver, os objetos de tratamento metafísico devem continuar a ser abordados metafisicamente — Deus, alma, moral —, à medida que têm a ver com a prática humana, contudo, não são cognoscíveis segundo os parâmetros daquilo que se dá na experiência.

A "coisa em si" (*noumeno*; afinal o "ser) não pode ser conhecida, segundo ele, devido ao fato de que esse conhecimento não pode ser confrontado com a experiência, ele é metafísico. A "coisa em si" não se dá na experiência espaçotemporal, por isso, não pode ser conhecida pela razão, devido ao fato de que qualquer entendimento que seja produzido sobre ela, além de não ter sua base na experiência, não pode ser confrontado por ela.

Já o fenômeno (aquilo que aparece) se dá na experiência, por isso pode ser conhecido e cujo conhecimento pode ser confrontado, verificando sua validade. O entendimento produzido, no caso, emerge do conhecimento que tem sua base na experiência espaçotemporal e por ela pode ser confrontado, isto é, validado.

Não podemos nos esquecer que Kant foi um significativo sistematizador da forma moderna de conhecer, pois formulou suas compreensões pós-Galileu e pós-Isaac Newton, que estabeleceram as bases para o conhecimento da realidade física, que se dá na experiência espaçotemporal, para tanto, servindo-se da matemática como recurso de compreensão e desvendamento da realidade próxima e distante (astronômica). Afinal, eles estabeleceram as bases da ciência que temos hoje.

Com essa compreensão, Kant escreveu três significativas obras fundantes da forma de compreender o conhecimento e estabelecer os seus limites de validade (epistemologia). A *Crítica da razão pura*, que trata do conhecimento da realidade que se dá na experiência física espaçotemporal, próxima e distante; *Crítica da razão prática*, que trata das questões que não podem ser conhecidas, mas determinam a prática da vida humana. Uma delas é a moral, elemento básico para que os seres humanos vivam e convivam coletivamente; e, por último, a *Crítica do juízo*, tratando da sensibilidade estética.

Interessam-nos nesse momento as duas primeiras, à medida que nos permitem compreender as bases estabelecidas por ele para distinção e separação entre "ser" e "valor", questões comprometidas com o tema que estamos a abordar.

Na *Crítica da razão pura*, estabelece a epistemologia própria da ciência, que se dedica a revelar como a realidade física é e funciona; propriamente opera com os fenômenos que se dão na experiência.

Na *Crítica da razão prática* formula as compreensões que orientam a conduta prática do ser humano; entre elas, a moral que, a seu ver, tem o seu fundamento em mandatos universais, que denominou de *princípios categóricos*, isto é, princípios que estabelecem mandatos que configuram modos de agir para todos os seres humanos em todos os tempos e lugares.

Só para compreender o que isso significa, um dos princípios formais da ética kantiana diz: "Faze as coisas de tal forma que todos possam fazer igual a ti". É um princípio formal, sem conteúdos específicos, que deve orientar a conduta de todos, pois que determina que cada um deve agir de tal forma que todos os outros possam agir de forma equivalente. Se faço o bem, todos podem fazê-lo; mas, se roubo, todos podem roubar; se cuido da vida, todos podem cuidar, mas, se assassino, todos podem assassinar. E assim por diante.

Cada ser humano, ao fazer uma escolha, possibilita que cada uma de suas escolhas poderá servir de base para a escolha de qualquer outro ser humano. Dessa forma, cada um torna-se o *legislador universal* e, por isso, plenamente responsável por seus atos, que determinam as possibilidades dos atos de todos os outros.

Vale a pena perceber a diferença entre essa compreensão dos fundamentos da moral (âmbito do agir humano) e a compreensão que vinha da filosofia clássica para a mesma fenomenologia.

Aqui o valor está liberto do "ser" e, consequentemente, também o agir. O valor passa a ser uma escolha do ser humano, muito diferente de ser ontologicamente determinado pelo ser. Não será a autoridade a definir qual é o agir correto, mas sim todo e cada um dos seres humanos que escolhem um modo de agir; escolhe para si e, de certa forma, para todos os outros, porque os autoriza a fazer escolha semelhante.

Desse modo, Kant estabeleceu a *distinção* e o *desatrelamento* entre ser e valor. A "coisa em si" (o ser) é incognoscível do ponto de vista da razão teórica, o que equivale a afirmar que tudo o que se refere ao metafísico só pode ser compreendido e resolvido de modo prático, tendo em vista a vida humana.

Então, a realidade física pode e é conhecida por dar-se na experiência espaçotemporal. O valor é estabelecido pela escolha do ser humano ao estabelecer um modo de agir decorrente do imperativo categórico, que se torna universal em cada escolha realizada.

Dessa forma, de Kant para cá, na história do pensamento moderno e contemporâneo, "ser" e "valor" passam a caminhar em paralelo, não mais atrelados, como na filosofia clássica, antiga e medieval. O valor da ação, no caso, decorre da *escolha* do ser humano e não mais do conhecimento do "ser", usualmente decorrente de uma posição da autoridade.

A essas compreensões epistemológicas somaram-se, nos séculos XVIII, XIX e XX, os conhecimentos vinculados à fenomenologia humana — história, sociologia, psicologia, antropologia —, campos do saber humano que estudam a realidade tingida pelos condicionantes socioculturais, assim como emocionais. Então, o valor (qualidade) dependerá da relação do ser humano com a realidade, em uma determinada circunstância.

As frases "O ser é" e "O valor vale" — que expressam a distinção e separação entre "ser" e "valor" — parecem ser duas afirmações corriqueiras, porém, do ponto de vista epistemológico — da realidade e do seu conhecimento —, não o são. Elas permitem desdobramentos infindos na vida e nos atos humanos.

As duas pequenas frases expressam uma compreensão fundamental da vida, que os filósofos clássicos — por pensarem metafisicamente — não conseguiram compreender, ou seja, que "ser" e "valor" (qualidade) são dois fenômenos distintos e com características próprias e inconfundíveis; mas que se relacionam. A "quantidade", por ser quantidade, e a seu modo, na sua relação com o ser humano, pode receber (e usualmente recebe) uma atribuição qualitativa por parte deste. A realidade espaço-temporal ("quantidade") existe e o ser humano, em sua relação com ela, atribui-lhe uma qualidade; afinal, no ver de Kant, ele é o legislador universal.

Diferente da filosofia clássica, para a qual o valor estava *embutido constitutivamente* no ser, aqui (modernidade e contemporaneidade), o valor é atribuído, *a partir* e *por sobre* as características da realidade "física" do que existe.

Os epistemólogos modernos e contemporâneos reconhecem que "o ser é substância" e que "a qualidade existe vinculada a ele, como seu atributo". Dessa forma, a realidade ("quantidade") é o "chão" da qualidade, é sua sustentação epistemológica.

A qualidade, do ponto de vista metafísico, é absoluta, à medida que "dizendo-se qualidade diz-se ser", ou vice-versa; contudo, do ponto de vista da experiência cotidiana — realidade com a qual vivemos experiencialmente o dia a dia —, ser e valor são separados, mas relacionados um ao outro.

Caso o leitor tenha se embrenhado pela leitura e estudo deste Anexo, poderá facilmente perceber que os impasses para compreender e utilizar os conceitos de quantidade e qualidade como distintos, mas relacionados, têm uma longa história. Creio que, como se pode compreender, a epistemologia contemporânea formulou a melhor e mais significativa compreensão que temos sobre essa fenomenologia. E, se bem compreendida, ela será nossa guia nos caminhos de entender e praticar a avaliação da aprendizagem em nossas escolas na perspectiva da *qualidade plena* da aprendizagem dos nossos educandos, como temos definido neste texto.

Capítulo II

Distorção presente na prática das médias entre notas escolares

Como vimos na Introdução, as médias obtidas entre notas escolares trazem dentro de si distorções relativas à qualidade da aprendizagem dos educandos, fato que implica também distorções na prática de ensino, indicando que nem sempre se investe o necessário para que todos os educandos aprendam o que fora definido no planejamento como sua aprendizagem necessária, seja por parte do sistema de ensino, da instituição escolar, assim como do educador em sala de aula.

A distorção das médias está assentada sobre a distorção epistemológica da transformação de "qualidade" em "quantidade de qualidade", abordada no Capítulo I. As médias são possíveis exclusivamente entre *quantidades*, nunca entre *qualidades*. As notas expressariam qualidades, ainda que travestidas de quantidade (símbolos numéricos), mas não cumprem essa função.

1. Distorção presente na prática das médias simples

O exemplo apresentado ao final do Capítulo I em torno da transformação indevida de "qualidade" em "quantidade de qualidade" (média simples entre as notas 10.0 [para adição] e 2.0 [para subtração]) permite nos aproximar da segunda distorção presente nas notas escolares: fazer uma média entre duas qualidades. No caso do exemplo, se fez uma média entre duas "quantidades" *fazendo de conta* que era uma média entre "duas qualidades".

Uma "média entre duas qualidades" também é um fenômeno material e epistemologicamente impossível, desde que dois objetos iguais — da mesma espécie —, com qualidades distintas, continuarão sendo sempre dois objetos da mesma espécie com qualidades distintas. Misturados, consegue-se alguma coisa de outra espécie; nunca uma média.

Um exemplo do mundo material ajuda essa compreensão. Uma maçã *estragada* e uma maçã *saudável*, misturadas não produzem um suco de maçã "medianamente saudável"; geram outra coisa qualquer, menos um suco medianamente saudável. Caso se tenha dúvidas dessa compreensão, bastará misturar num liquidificador duas frutas de uma mesma espécie, com as qualidades acima indicadas e, então, ver-se-á praticamente o que acontece.

Em nossas escolas, pratica-se uma média entre notas escolares como sendo uma média entre "qualidades"; o que é ilusório, devido não existir médias entre "qualidades". Essa ilusão está assentada sobre a distorção epistemológica que pratica um contrabando de "qualidade" para "quantidade de qualidade". E isso não pode ocorrer, como vimos no Capítulo I, por ser epistemologicamente impossível.

A operação 10,0 + 2,0 = 12,0/2 = média 6,0, do ponto de vista aritmético, está perfeito. Contudo, do ponto de vista da expressão da qualidade do desempenho do educando, a nota 6,0 — que representaria uma aprendizagem um pouco acima da média (5,0) em adição e subtração — é pura ilusão, desde que as qualidades das aprendizagens em adição e subtração foram completamente diversas. E, tomando a realidade material por base, não há como misturar essas duas qualidades, tendo em vista produzir uma terceira, a qualidade um pouco acima da média para a aprendizagem de ambos os conteúdos. Mesmo com essa média de nota (6.0), que aprovará o estudante, continuará sendo verdade que ele aprendeu adição, porém não aprendeu subtração.

O que está expresso nos símbolos numéricos "10,0" e "2,0" é o fato *real* que o educando "aprendeu com qualidade suficientemente satisfatória" os conhecimentos e as habilidades relativos à adição e "aprendeu insatisfatoriamente" os conhecimentos e habilidades relativos à subtração. Não há média possível entre as qualidades dessas duas realidades.

A média final 6,0 (seis), no exemplo acima, informaria que o estudante aprendeu medianamente tanto adição quanto subtração; mas, de fato, ele aprendeu satisfatoriamente a prática da adição e insatisfatoriamente a prática da subtração.

Com essas distorções, as notas escolares ocuparam ao longo do tempo e ainda ocupam o centro de atenção de todos. Professores pensam nas notas que atribuirão aos seus educandos; educandos perguntam pelas notas obtidas, à medida que se esforçaram para obtê-las; e os pais dos educandos desejam saber que "nota" seus filhos obtiveram. Estatísticas educacionais são elaboradas com base nas notas. Todos estão em torno da nota e não das aprendizagens. Diante desse quadro, investimentos efetivos nas aprendizagens propriamente ditas permanecem obscurecidos.

Nesse contexto, nossos educandos e seus respectivos pais procuram mais por notas do que por aprendizagem, e nós, educadores, servimo-nos das notas mais como recursos de poder sobre os estudantes do que de registro do nosso testemunho de que *ensinamos* bem e eles *aprenderam* bem. Os gestores escolares, por seu turno, contentam-se em saber as estatísticas dos aprovados. Mas com que base?

O efeito negativo desse processo é que os educadores e o sistema de ensino se contentam com a média de "quantidade de qualidade" (que, por si, é uma ficção) e esquecem a necessidade da construção de resultados *efetivamente* satisfatórios em todas as "unidades de conhecimento"[1] ensinadas e que deveriam ser aprendidas.

De fato, não se pode compensar a aprendizagem de um determinado conteúdo pela aprendizagem de outro. Cada conteúdo ensinado, para se poder afirmar que foi aprendido, necessita ter sido aprendido com qualidade satisfatória, um a um, sob pena de o educando permanecer na carência para sempre ou até o momento em que, de alguma forma, ou por necessidade, possa superar as lacunas que ficaram atrás em seu aprendizado.

No exemplo acima exposto, a nota 6,0 (seis) expressaria que o educando aprendeu adição e subtração; no entanto,

---

1. A expressão "unidades de conhecimento", aqui, significa tópicos de conteúdos, que implicam aquisição de informações, procedimentos e atitudes. São conteúdos configurados numa unidade dinâmica de compreensão e uso.

aprendeu somente adição. A média de notas obtida expressa que o educando teria aprendido as duas "unidades de conhecimento" e, por isso, é aprovado; o que não é verdade.

Então, o educando seguirá à frente em sua escolaridade, carente de recursos necessários para prosseguir nos estudos e na vida. O que faz com que educadores escolares, em séries subsequentes, afirmem que "estudantes chegam às suas turmas carentes de pré-requisitos". Fato que é previsível quando os educandos são promovidos de série em série por *notas médias* e não por *aprendizagem plena* nos diversos tópicos de conteúdos.

Fatos semelhantes ocorrem com todas as médias simples de notas em todas e em quaisquer disciplinas em nossas escolas, sejam médias entre notas atribuídas variadas tarefas dentro de uma mesma unidade de ensino, sejam entre unidades variadas de ensino.[2]

2. Distorção presente na prática das médias ponderadas

A "média ponderada entre notas escolares" apresenta distorção semelhante à "média simples", porém com um requinte

---

2. Média de notas *dentro de uma mesma unidade de ensino* significa a média obtida pelas notas atribuídas às diversas tarefas realizadas durante o período de um bimestre letivo; por vezes, para a nota final do período, junta-se uma nota de prova do bimestre, para estabelecer a média final do período. A média de notas *entre unidades de ensino* significa a média do ano letivo, obtida pelas notas do final de cada bimestre e, se necessário, com a nota de uma prova final.

a mais, que implica estabelecer previamente uma escala de valores entre os conteúdos ensinados e que deveriam ser aprendidos. Nesse contexto, um conteúdo terá maior valor que outro, por isso, receberá maior "peso", o que implica que outro conteúdo terá menor valor, por isso, receberá menor peso.

Nesse caso, a média ponderada lineariza as qualidades das aprendizagens de forma mais radical do que o faz a prática da média simples. Estabelece uma prévia ponderação dos conteúdos, exacerbando uma diferenciação indevida dos conhecimentos ensinados, tornando-os uns mais importantes do que outros; para, a seguir, linearizá-los pela média no que se refere à efetiva aprendizagem dos educandos.

O planejamento de uma unidade de ensino tem por objetivo definir o que importa ensinar e, consequentemente, o que importa aprender. Nesse contexto, não existem conhecimentos de maior ou menor importância (maior ou menor valor), todos devem ser igualmente importantes numa sequência, onde os que antecedem subsidiam os que sucedem. A menos, evidentemente, que o planejamento não esteja atento àquilo que é essencial ensinar e, pois, aprender. Num algoritmo planejado de ensino-aprendizagem, todos os conteúdos são essenciais; por isso, não há razão para que um receba um peso maior que outro qualquer.

Diante da ponderação, cabe perguntar: Todos os conteúdos planejados numa unidade de ensino, sendo necessários e, pois, importantes na sua própria abrangência, como se pode estabelecer uma ponderação qualitativa entre eles, tornando um mais importante que outro de modo abstrato, isto é, qual seria a razão para se julgar que deva ser dessa forma? Que critério seria utilizado para determinar que um conteúdo é "mais importante" que outro, se todos eles foram selecionados por sua importância na sequência (no algoritmo) de uma unidade de conhecimentos a ser ensinada e aprendida? Voltando aos conteúdos da adição em aritmética (que já utilizamos anteriormente), será que é qualitativamente mais importante "resolver problemas de adição" do que apropriar-se do "raciocínio aditivo" ou da "fórmula da adição" ou das "propriedades da adição"? Os três conteúdos — cada um por si — tem importância básica na cadeia de conhecimentos e habilidades necessários para operar com a adição. Resolver problemas de adição exige a aprendizagem anterior dos três conteúdos. Então, como "ponderar" um deles como mais valioso que os outros? Isso só pode ser realizado por uma distorção de entendimento ou por uma decisão arbitrária.

Cito minhas experiências biográficas para ilustrar essa questão. Em minha infância e adolescência, nos anos 1950 e 1960, vivi essa prática na escola. Havia ponderação nas notas dentro de uma unidade de ensino, como havia ponderação nas notas entre as unidades de ensino (hoje, denominadas de bimestres ou trimestres letivos, em conformidade com o Regimento de cada escola).

As ponderações das notas "dentro de uma unidade de ensino" dependiam das decisões do professor da disciplina escolar ensinada, tendo presente o que ele considerava mais ou menos importante naquilo que ensinava naquele período. Já as ponderações das notas "entre as unidades de ensino" eram de responsabilidade da instituição escolar.

As notas ponderadas entre as unidades de ensino eram conduzidas da seguinte forma: o ano letivo era dividido em quatro bimestres; o primeiro bimestre tinha peso 1; o segundo, peso 2; o terceiro, peso 3; e o quarto, peso 4; no total, os pesos chegavam a 10, desde que se adotava o sistema decimal para atribuição de notas.

Qual era o critério para a atribuição desses pesos? Supunha-se que os estudantes, quanto mais avançavam no ano letivo, mais amadurecidos deveriam estar para cuidar de suas aprendizagens, então, as aprendizagens dos bimestres mais avançados em termos de tempo do ano letivo teriam mais peso para a obtenção da média de notas. Um critério totalmente externo à importância dos conteúdos na sequência lógica das aprendizagens.

Então, para nós estudantes, não valia muito a pena dedicação às aprendizagens no primeiro bimestre, pois que tinha peso 1; porém, valia a pena investir no quarto bimestre, pois que ele tinha o peso 4, isto é, tinha um valor de 40% de todas as aprendizagens do ano letivo.

Um exemplo ajuda a perceber a distorção daquilo que ocorreu em minha vida escolar e pode ocorrer em qualquer prática de ponderação de notas na escola.

Para exemplificar, usaremos os pesos atribuídos aos bimestres letivos, com o quais convivi: peso 1 para o primeiro bimestre, peso 2 para o segundo, peso 3 para o terceiro, e peso 4 para o quarto.

Observar na tabela a seguir o uso desses pesos sobre as notas de dois estudantes, tendo em vista a média ponderada das notas: Um estudante obteve as seguintes notas na sequência dos quatro bimestres de um ano letivo: 3,0; 5,0; 7,0; 9,0. Outro estudante obteve notas diferentes e foram as seguintes: 10,0; 10,0; 8,0; 4,0. Ponderando-se essas notas e procedendo as médias, obtemos o que se segue.

Estudante	Bimestre 1	Bimestre 2	Bimestre 3	Bimestre 4	Total
1	3 × 1 = 3	5 × 2 = 10	7 × 3 = 21	9 × 4 = 36	70 ÷ 10 = 7,0
2	10 × 1 = 10	10 × 2 = 20	8 × 3 = 24	4 × 4 = 16	70 ÷ 10 = 7,0

Ambos os estudantes obtêm a nota final 7,0 (sete), ambos aprovados, porém suas aprendizagens em relação aos conteúdos ensinados e que deveriam ser aprendidos em cada bimestre são completamente diversas, a se levar em conta as referidas notas. O primeiro inicia o ano letivo com baixa aprendizagem, expressa pela nota 3,0 (1º bimestre) e cresce com o andamento dos bimestres letivos, chegando ao 4º bimestre com nota 9,0; o segundo estudante inicia o ano letivo com aprendizagem satisfatória, revelada pela nota 10,0 (1º bimestre) e decai com o passar do tempo, chegando ao final do ano letivo com a nota 4,0 (4º bimestre).

A *qualidade final da aprendizagem de ambos*, nessa determinada disciplina, a se levar em conta a média ponderada das notas obtidas nos quatro bimestres letivos, *é a mesma ou equivalente (7,0)*. Contudo, se se prestar atenção aos conteúdos ensinados em cada um dos bimestres, as qualidades das aprendizagens desses dois estudantes são completamente diversas, ainda que a média final seja a mesma.

No caso, a ponderação lineariza e distorce a qualidade das aprendizagens dos educandos mais que a média simples. A média simples distorce, mas a ponderada, mais ainda.

Se, na circunstância acima descrita, usássemos a média simples, as qualidades registradas para cada um desses estudantes seriam diferentes; estudante 1: 3,0 + 5,0 + 7,0 + 9,0 = 24 ÷ 4 = 6,0 (seis); estudante 2: 10,0 + 10,0 + 8,0 + 4,0 = 32 ÷ 4 = 8,0 (oito); no caso, as médias simples 6,0 (seis) e 8,0 (oito) transformam-se, pela média ponderada, em 7,0 (sete) para ambos os estudantes.

Qual desses estudantes aprendeu suficientemente bem todos os conteúdos essenciais que foram ensinados? Nenhum dos dois, pois que ambos tiveram seu aproveitamento linearizado pelas médias, sendo que a média ponderada, na sua atuação, apresenta-se mais radical que a simples, como pudemos observar no parágrafo anterior.

O ideal, do ponto de vista da aprendizagem e da formação das competências dos educandos, seria que cada educando atingisse uma aprendizagem de nível 7,0 (no caso, qualidade satisfatória de aprendizagem) *em cada um dos bimestres*, ou seja, que cada um aprendesse os *conteúdos mínimos necessários*[3] ensinados em cada bimestre, com *qualidade plena*; isto é, bimestre 1 = 7,0; bimestre 2 = 7,0; bimestre 3 = 7,0; bimestre 4 = 7,0). Se se investisse para se chegar a essa qualidade dos resultados da aprendizagem do educando, estar-se-ia levando em conta a qualidade *plena* (a necessária) das aprendizagens em cada uma das quatro unidades de conhecimentos (ou unidades de ensino) e não a indevida "média de notas", simples ou ponderada.

As médias ponderadas propiciam ainda a distorção de, em *situações diferentes*, subsidiar *decisões equivalentes*.

Vejamos. Em um determinado curso de nível superior, que usa a média ponderada de notas, deu-se a situação que descrevo a seguir, justificando o conceito emitido na afirmação do parágrafo anterior.

---

3. Lembrar que a expressão *mínimos necessários* diz respeito a *todos* os conhecimentos necessários; de forma alguma, significa *conhecimentos mínimos*.

Nesse curso — um evento particular que representa um universal, à medida que esse é um modo de agir em todas as instituições que se servem de médias ponderadas —, cada estudante deveria obter três notas no decorrer do semestre letivo, sendo as duas primeiras obtidas dentro do semestre em andamento e a terceira, se necessária, decorrente de uma prova final. Essas notas eram ponderadas da seguinte forma: 1ª nota, peso 4; 2ª nota, peso 3; 3ª nota — decorrente de uma prova final, se necessária —, peso 3; somados os pesos, obtém-se 10, como base da ponderação.

Um determinado estudante obteve 6,0, como primeira nota, que ponderada com peso 4, obtém-se 24 pontos; como 2ª nota, ele obteve 6,0, que ponderada com peso 3, produz 21 pontos. Somando-se 24 + 21, tem-se 45 pontos. Esses 45 pontos divididos por 7 (soma dos dois pesos 4 + 3), tem-se como resultado 6,43 (seis e quarenta e três centésimos), portanto, esse estudante não pode ser aprovado, devido à média de notas que promove, no decorrer do semestre, por regra nessa instituição, deve ser 7,0 (sete). Então, o estudante deveria submeter-se, e efetivamente se submeteu, à prova final e obteve a nota 2,0, que multiplicado pelo peso 3, produz 6 pontos.

Agora, a nova média será obtida da seguinte forma:

$$MF = (6 \times 4) + (7 \times 3) + (2 \times 3) = 51] \div [10 = 5,1$$

Então, o estudante está aprovado e promovido com a nota 5,1. Antes a média que aprovava era 7,0, mas, agora, após a prova final, a média que aprova e promove é 5,0, por isso, esse estudante que, segundo as notas obtidas, teria decaído em suas aprendizagens representadas pelas notas, decaiu de 6,43 para 5,1; porém, mesmo dessa forma, foi aprovado e promovido em função da média ponderada de notas.

Essa decisão é estranha, à medida que o estudante não pôde ser aprovado e promovido com a nota (média) 6,43, mas, agora pode, mesmo que com uma nota menor = (média) 5,1. Num átimo de tempo o que não podia ser validado com uma nota maior, agora pode, com uma nota menor. Que lógica tem essa prática, do ponto de vista da aprendizagem de todos os conteúdos essenciais ensinados?

Nesses procedimentos de obtenção de médias, tem-se uma regra, contudo, ela é abstrata (sem vínculo com a efetiva aprendizagem do educando) e, por isso mesmo, sem uma epistemologia que a sustente. Se antes o sujeito "sabia mais" — desempenho indicado pela média 6,43 — e foi reprovado, agora, estranhamente, "sabe menos" — desempenho indicado pela média 5,1 —, no entanto, é aprovado. No mínimo, pode-se dizer que essas decisões pedagógicas são *estranhas*.

Evidentemente que, nessa situação, leva-se em conta o malabarismo com as notas, o que implica que não se tem presente a aprendizagem do estudante.

Para verificar a veracidade dessa afirmação, basta ter presente que, supondo-se que as notas representariam efetivamente o que o estudante aprendera, esse estudante do exemplo, com as três notas obtidas, teria uma aprendizagem um pouco acima da média com a 1ª nota (tendo o 5,0 como média aceitável); um pouquinho mais acima com 2ª nota (7,0) e quase nenhuma aprendizagem com 3ª nota (2,0). Porém está aprovado com a média 5,1, que, seguindo as regras escolares hoje vigentes, está dizendo que esse rapaz aprendeu *medianamente* os conteúdos ensinados e aprendidos nesse semestre letivo, o que não corresponde à realidade, de forma alguma.

Então, duas distorções estão presentes nessa situação do uso da média ponderada: *primeiro*, a nota maior — 6,43 (média do semestre letivo) — não aprova; mas a nota menor — 5,1 (média do semestre + prova final) — aprova; *segundo*, a aprendizagem expressa pela nota da prova final (2,0) é menor que as duas anteriores, ou seja, essa nota indicaria que o estudante desaprendeu o que havia aprendido. Contudo, mesmo indicando a desaprendizagem — fato que é estranho, tanto do ponto de vista psicológico como cognitivo — foi aprovado e promovido.

Cada leitor poderá brincar com novas possibilidades de notas e, consequentemente, novas médias, usando essas ponderações e, então, observará outras aberrações. A seguir, apresento algumas situações e o leitor poderá multiplicá-las com essa ou outras ponderações:

1ª nota, peso 4	2ª nota, peso 3	Média	3ª nota, peso 3	Média Final
10,0 = 40,0	10,0 = 30,0	10,0	—	10,0
10,0 = 40,0	9,0 = 27	9,57	—	9,57
9,0 = 36,0	10,0 = 30	9,42	—	9,42
7,0 = 28	7,0 = 21	7,00	—	7,0
4,0 = 16	8,0 = 24	5,71	4,0 = 12	5,20
2,0 = 8	10,0 = 30	5,42	4,0 = 12	5,00
10,0 = 40	3,0 = 9,0	7,0	—	7,0
10,0 = 40	2,0 = 6	6,57	1,0 = 3	7,0
3,0 = 12	6,0 = 18	4,28	8,0 = 24	5,4

Pela lógica das médias ponderadas nesse curso universitário, todos esses estudantes seriam aprovados, não pela satisfatoriedade no desempenho da aprendizagem dos conteúdos efetivamente adquiridos, mas sim pelas médias de notas.

Os conhecimentos e habilidades desses estudantes, adquiridos nesse curso, devem ser bastante diferenciados (ao menos, é o que indicam as médias ponderadas obtidas — 10,0; 9,57; 9,42; 7,0; 5,2; 5,0; 7,0; 7,0; 5,4), no entanto, todos estão igualmente aprovados, alguns "sem prova final", outros com "prova final". Pensar que todos eles serão assumidos como profissionais com equivalente saber na vida social, mas, em face dessas aprovações, de fato, com competências que variam de "pleno" (10,0) a "médio" (5,0).

Cada leitor poderá continuar a fazer exercícios semelhantes e, então, ver-se-á como o uso das médias ponderadas, na prática do ensino de qualidade, é insustentável, à medida que essas médias revelam uma operação matemática abstrata e desvinculada da realidade, sem que possam revelar a efetiva qualidade da aprendizagem dos educandos.

O ato de avaliar, quando efetivamente praticado como avaliação — diagnóstico da qualidade da situação —, é um aliado fundamental de todo gestor para o sucesso.

O gestor "gesta", investe na produção dos *resultados necessários* em cada uma das suas ações, isto é, investe na busca do resultado com *qualidade plena*, em conformidade com o entendimento dessa expressão nesse livro. Um gestor — verdadeiro gestor — não se contenta com o "mais ou menos", que, no caso da educação escolar, é representado pela "média entre as notas".

Não esquecer que o educador é o gestor da sala de aula. Ele está comprometido com resultados satisfatórios para todos os educandos em todos os conteúdos ensinados, o que propicia a democratização da qualidade do ensino-aprendizagem no Sistema Nacional de Ensino e em nossas escolas.

A média de notas, seja ela simples ou ponderada, escamoteia a busca da qualidade das aprendizagens dos educandos nos diversos conteúdos planejados e ensinados. O diagnóstico da qualidade da aprendizagem de cada educando em cada um dos conteúdos ensinados (e que devem ser aprendidos) exige do sistema do ensino — do qual faz parte o educador em sala de aula — investimentos — os investimentos necessários — para sua obtenção.

Capítulo III

Distorção nas notas escolares decorrente dos instrumentos de coleta de dados para a avaliação

No cotidiano de nossas escolas, o modo de atribuir notas aos estudantes se realiza aproximadamente com o seguinte ritual: elas são atribuídas como somatório dos "pontos", que foram definidos para esta ou aquela tarefa realizada pelos educandos, assim como para esta ou aquela questão respondida nos testes ou, ainda, pelo conjunto de respostas num teste.

Em torno da base material, isto é, do desempenho do estudante em sua aprendizagem, que sustenta o somatório de pontos, que compõe a nota escolar, sobrevém uma nova distorção. Para além das distorções anteriormente apresentadas — epistemológica e das médias —, acrescenta-se a que decorre dos instrumentos de coleta de dados para a avaliação.

Uma observação inicial em torno da precisão dos termos utilizados. No dia a dia da educação escolar, aquilo que denominamos pela expressão "instrumentos de avaliação", de fato, não são "instrumentos de avaliação", mas sim "instrumentos de coleta de dados para a avaliação".

A coleta de dados para a avaliação não se faz por meio de "instrumentos de avaliação", mas, sim, através de recursos metodológicos de investigação — entre eles, instrumentos de coleta de dados —, cujo destino final é *revelar* a qualidade da realidade. E, então, os instrumentos de coleta de dados para a avaliação têm por objetivo obter dados essenciais, relevantes, que possibilitem uma descritiva satisfatória da realidade, que, no caso da avaliação da aprendizagem, significa uma descritiva do desempenho do estudante na apropriação dos conteúdos ensinados.

A avaliação, como um *ato de investigar a qualidade da realidade*, à semelhança de toda e qualquer investigação, necessita de dados que sustentem a compreensão que ela revela da realidade, que, no caso, se expressa como "leitura da qualidade da realidade". A investigação científica, que tem como seu objetivo revelar o modo como a realidade funciona, também opera com dados da realidade, que servem de base para suas compreensões. Não existe ciência sem dados que sustentem a leitura que faz da realidade; de forma equivalente, não existe avaliação sem dados que justifiquem a atribuição de qualidade que ela produz sobre a realidade.

O ato de avaliar realiza-se através de dois passos necessários e um opcional (contudo, o opcional, quando necessário, se não for realizado, aborta as consequências positivas do ato avaliativo).

Os dois passos constitutivos do ato de avaliar são: (01) descritiva da realidade (o que, anteriormente, foi denominado como a base quantitativa do ato de avaliar) e (02) sua qualificação comparando, metodologicamente, a realidade descrita com um determinado padrão de qualidade, parâmetro daquilo que pode ser assumido como aceitável.

O terceiro passo é a intervenção, se necessária. Ela depende de uma decisão do gestor de intervir na realidade avaliada, tendo em vista propiciar-lhe condições de melhoria.

Essa compreensão metodológica nos indica que a avaliação, para realizar-se, necessita, de um lado, de dados da realidade sobre a qual se assente — dados que descrevem e, consequentemente, configurem o objeto da avaliação — e, de outro lado, um padrão de qualidade ao qual a realidade é comparada, tendo em vista revelar sua qualidade, que varia entre os dois limites: o plenamente positivo e o plenamente negativo. A decisão de intervenção, ou não, dependerá da qualidade revelada pelo ato avaliativo.

Então, tendo em vista obter dados necessários para proceder a descritiva da realidade, necessitamos de recursos que ampliem nossa capacidade de observá-la e, consequentemente, descrevê-la. Esses recursos que ampliam nossa capacidade de observar intitulam-se "instrumentos de coleta de dados", que, em nosso caso, trabalhando com o ensino e a aprendizagem, podem ser: testes, redações, tarefas, exercícios, monografias, demonstração em laboratório, entrevistas, entre outros.

Em outras áreas de conhecimento, serão outros os recursos que ampliam a capacidade de observação do investigador, tais como: telescópico para os astrônomos; microscópio para os químicos, bioquímicos e outros; equipamentos de imagens para neurologistas, patologistas, médicos...

Com os recursos metodológicos de coleta de dados que utilizamos nas práticas educativas — no caso do ensino —, solicitamos aos nossos educandos que nos mostrem (por meio de um determinado desempenho) que aprenderam o que nós ensinamos. Sem a mediação do convite ao educando para que demonstre que aprendeu o que ensinamos, nunca saberemos se, de fato, ele aprendeu. O desempenho (que é externo) torna observável a aprendizagem (que é interna).

Poderemos observar, por anos, um educando parado e quieto e, nesse contexto, nunca saberemos o que ele sente, pensa ou se aprendeu alguma coisa. A única forma de sabermos o que o outro sabe ou aprendeu será pelo seu desempenho, pela sua ação — seja ela qual for — que revele o que se passa dentro de si.

Nossos instrumentos de coleta de dados contêm um pedido ao educando para que manifeste se aprendeu o que ensinamos, até onde aprendeu, ou se nada aprendeu.

Tendo por base essa compreensão, podemos definir melhor os termos:

- *instrumentos de avaliação*: são os recursos metodológicos por meio dos quais o ato de avaliar opera em todos os seus passos;
- *instrumentos de coleta de dados para a avaliação*: são os meios técnicos pelos quais obtemos dados que descrevem a realidade, subsidiando sua configuração; no caso, configuração da aprendizagem dos educandos.[1]

---

1. Sobre o que é o ato de avaliar, ver Luckesi, Cipriano Carlos. *Avaliação da aprendizagem*: componente do ato pedagógico. São Paulo: Cortez, 2011. Parte IV, capítulo IV, p. 263-94 — "O ato de avaliar a aprendizagem na escola".

Após essa digressão, podemos voltar à distorção que está por trás das notas escolares que tem por base os instrumentos de coleta de dados: os dados coletados sobre o desempenho do educando em nossas escolas e salas de aula nem sempre são relevantes, sistemáticos, consistentes e significativos para descrevê-lo.

E, então, podemos concluir que, se os dados sobre os quais se assentam as notas escolares são distorcidos em função dos instrumentos utilizados para sua coleta, elas também são distorcidas, isto é, não representam uma realidade. Uma descritiva distorcida da realidade gera uma interpretação também distorcida desta (no caso da escola hoje, registrada pela nota).

Então, para além das distorções presentes nas notas escolares, sinalizadas nos capítulos anteriores — distorção epistemológica e distorção das médias entre notas —, importa acrescentar a distorção que pode advir de uma coleta inadequada de dados, em decorrência de um instrumento de coleta de dados elaborado sem rigor metodológico.

Aprofundemos um pouco a questão dos instrumentos de coleta de dados para a avaliação da aprendizagem dos educandos. Usualmente, no dia a dia escolar, são elaborados sem os cuidados metodológicos necessários — isto é, sem o rigor metodológico necessário — para coletar os dados que a prática da avaliação — como investigação da qualidade da realidade — exige, o que, consequentemente, conduz a enganos.

No caso, os instrumentos de coleta de dados para a avaliação da aprendizagem no nosso cotidiano escolar sofrem de um mal básico: a ausência de rigor metodológico. Isso implica algumas carências que fragilizam o significado e validade dos dados coletados.

A seguir, apresento as fragilidades mais comuns presentes nos instrumentos de coleta de dados sobre desempenho dos educandos em suas aprendizagens.

A primeira dessas carências é a ausência de *sistematicidade* no que se refere aos desempenhos dos estudantes. Um instrumento de coleta de dados, numa investigação, deve ser capaz de coletar *todos* os dados necessários para revelar se o educando aprendeu *tudo* o que deveria ter aprendido, ou não.

No cotidiano escolar, em geral, os instrumentos de coleta de dados para a avaliação da aprendizagem, em vez de possuírem a característica da sistematicidade, por meio de uma cobertura de todos os conteúdos essenciais e significativos ensinados (e que deveriam ser aprendidos), apresentam *aleatoriedade*, ou seja, os conteúdos levados em conta nos instrumentos são tomados aleatoriamente, um aqui, outro ali, outro além mais.

Imaginemos a tragédia que seria um médico que, em vez de agir sistematicamente no atendimento aos seus clientes, agisse aleatoriamente, ou seja, numa consulta, procuraria investigar no cliente os pontos do corpo que ele escolhesse ao seu bel prazer, e não os necessários. Certamente, nessa circunstância, seu diagnóstico seria enganoso e, dessa forma, sua prescrição também seria enganosa e, consequentemente, inadequada.

De modo semelhante, como pode haver viabilidade para uma prática educativa saudável em nossas escolas, se os instrumentos de coleta de dados para a avaliação — que revelarão a qualidade do aprendido — são elaborados com conteúdos aleatórios?

Importa que o instrumento de coleta de dados cubra todos os conteúdos ensinados como essenciais e relevantes, tendo em vista tomar ciência se o educando aprendeu o que deveria ter aprendido ou não.

Tive um professor de História Geral quando, nos anos 1950, eu fazia o Ginásio (séries finais do Ensino Fundamental, nos dias de hoje). No bimestre, ele ensinou história da Grécia e Roma. O livro didático adotado por ele continha muitas notas de rodapé. Ofereceu-nos suas belas aulas, seguindo os conteúdos das páginas do livro; mas, para o teste do bimestre, reuniu muitas e muitas notas de pé de página e elaborou as perguntas. Em minha turma, éramos em torno de 65 estudantes. Ninguém de nós obteve uma nota acima de 1,5 ou 2,0. Esse meu ex-professor já faleceu e deve estar no céu. Contudo, está lá "ignorantão" se aprendemos o que ele havia ensinado, pois que ensinou uma coisa e perguntou outra. Elaborou e aplicou um instrumento de coleta de dados sobre nossa aprendizagem, *sem nenhum desejo de saber se havíamos aprendido o que ele havia ensinado*. Seu instrumento de coleta de dados era uma "arapuca" para nós estudantes e, para ele, um recurso de reprovar meninos, dizendo que "nós os estudantes já não nos dedicávamos mais a aprender". De fato, nos dedicamos a aprender o que ele "havia ensinado". Contudo, ele não desejava ter ciência se tínhamos aprendido o que havia ensinado; ele desejava reprovar-nos. E... o fez. Nenhuma sistematicidade em torno dos conteúdos ensinados. Engano puro de todos os lados.

Na maior parte das vezes, o professor em sala de aula não tem a intenção explícita de agir de modo inadequado. Simplesmente age desse modo porque, de geração em geração, se fez dessa maneira. Sofreu ações equivalentes a essa e, agora, professor, age da mesma forma, como se fosse a forma normal e adequada de agir. Importa tomar consciência e mudar o rumo das condutas na elaboração de instrumentos de coleta de dados. Assumir a sistematicidade e fazer desaparecer para sempre a aleatoriedade na coleta de dados sobre o desempenho de nossos educandos.

Em segundo lugar, nossos instrumentos de coleta de dados muitas vezes sofrem do mal da ausência de *linguagem compreensível*. Nos instrumentos de coleta de dados para a avaliação da aprendizagem na escola, tendo em vista solicitar que os educandos expressem uma aprendizagem, muitas vezes, é utilizada uma linguagem incompreensível para o educando. Se não se compreende o que se pede, como se pode dar uma resposta adequada?

Para compreender esse limite dos nossos instrumentos de coleta de dados, no que se refere à linguagem compreensível, um exemplo do cotidiano escolar.

Num teste destinado a detectar aprendizagens no conteúdo de "simplificação de fração", junto a crianças de onze/doze anos, havia uma questão formulada da seguinte maneira: "Qual a fração equivalente irredutível de 96/64, numa relação de a/b, cuja soma do numerador com o denominador é: a ( ) 7; b ( ) 5; c ( ) 8; d ( ) 6; e ( ) 9".

Todos os estudantes da turma — eram 28 — erraram a resposta a essa questão. A razão pela qual não tiveram êxito na tarefa fora "porque não compreenderam o que era para fazer". Que tal se a solicitação fosse: "Simplifique a fração 96/64"?

Nesse caso, certamente todos os estudantes dariam uma resposta adequada, pois foram ensinados com essa linguagem simples e direta, mas não com a linguagem rebuscada, usada pelo professor no referido teste.

Então, qual a razão para uma formulação com o uso de uma linguagem complexa (e, para os pequenos estudantes, confusa) como a colocada anteriormente? Parece ser "para que os estudantes não compreendam o que se está sendo perguntado e, por isso, errem". Que ganho há nisso? Nenhum; somente o engano. Engano do professor (que assume que seus estudantes não aprenderam), engano dos educandos (foram ensinados com uma linguagem e receberam a pergunta com outra); engano da escola, que acredita que seus estudantes não aprendem mesmo... Afinal, todos os educandos são reprovados autoritariamente, não devido a não terem estudado ou não terem aprendido, mas, sim, por uma linguagem incompreensível utilizada pelo educador nos instrumentos de coleta de dados.

Um educador poderá lamentar: "Ensinei tanto e eles não aprenderam..." Aprenderam! Contudo, eles compreendem as tarefas e perguntas da forma como foram ensinados, não da forma como se está perguntando.

Em terceiro lugar, usualmente, nos instrumentos de coleta de dados para a avaliação da aprendizagem, ocorrem *incompatibilidades* entre os conteúdos ensinados e os solicitados, assim como *incompatibilidade* entre os níveis de dificuldade (ensina-se fácil, pede-se difícil), entre os níveis de complexidade (ensina-se simples, pede-se complexo); e, ainda, *incompatibilidade* metodológica (ensina-se com uma metodologia e pergunta-se com outra; por exemplo, ensina-se língua nacional com atenção centrada na gramática e solicita-se desempenho por análise de textos).

Se se ensina um conteúdo, como se pergunta por outro? Se o conteúdo ensinado era fácil, como se pergunta difícil? Se o conteúdo ensinado era simples, como se fazem perguntas complexas? Se se ensina com um tipo de metodologia, como se pergunta com outra? Com essas deficiências nos instrumentos de coleta de dados, os dados que obtivermos não serão confiáveis.

Carência de *precisão* é a quarta fragilidade presente nos instrumentos de coleta de dados para a avaliação da aprendizagem em nossas escolas.

Precisão é uma característica dos instrumentos de coleta de dados em investigações nas quais o ser humano é a fonte de informação e investigador e investigado compreendem os conteúdos das perguntas de forma equivalente, ou seja, os dois entendem as mesmas coisas pela mesma comunicação.

No caso dos instrumentos de coleta de dados para a avaliação da aprendizagem em nossas escolas, usualmente, essa regra metodológica — relativa à precisão — nem sempre é respeitada. Por vezes, o educador acredita que sua pergunta ou a tarefa que orienta está suficientemente clara e precisa em termos do que está solicitando, mas o educando compreende de outra forma, exatamente por haver imprecisão no que se pergunta ou se pede.

Há bons anos atrás (talvez dez ou um pouco mais), estava fazendo uma conferência sobre avaliação e, no momento das partilhas, uma professora relatou que ensinava Ciências nas séries iniciais do Ensino Fundamental e que, num teste, perguntou: "Qual a função do esqueleto?" Um dos meninos respondeu: "Destruir a todos". A professora que relatava a situação disse a todos os presentes que, de imediato, "não considerara um erro", desejando, saudavelmente, saber a razão pela qual o estudante havia dado aquela resposta à pergunta que formulara.

No dia seguinte, na escola, interrogou o garoto sobre sua resposta à questão e ele, surpreso, respondeu: "Professora, você não vê o He-Man? No He-Man, professora, o esqueleto quer destruir a todos para chegar no Castelo de Grayskull, porque lá está a força".

Então, relatou a professora que ela modificou a pergunta, dizendo para o estudante: "Não estou perguntando pelo esqueleto, personagem do He-Man, mas sim pelo esqueleto nos animais". Ao que teria respondido o menino: "Então, professora, se é dessa forma, a função do esqueleto é sustentar os animais vertebrados".

Os casos podem se multiplicar, mas basta esse para percebermos que, quando a pergunta é imprecisa, cada um responderá a partir do seu entendimento. E, não havendo um entendimento *unívoco* entre educador e educando sobre o significado da pergunta, certamente o educador exigirá que o seu entendimento seja o correto. O que não necessariamente o será em função da equivocidade da formulação da questão.

Em síntese, um instrumento de coleta de dados sobre o desempenho do educando em sua aprendizagem que não tenha sido elaborado com um mínimo de rigor metodológico — com as características de *sistematicidade, linguagem compreensível, compatibilidade entre o ensinado e o aprendido, precisão* — não terá condições de demonstrar a aprendizagem do educando.

Sem a sistematicidade, não se saberá se o educando se apropriou do que era necessário ter aprendido, pois que o instrumento não cobriu todos os conteúdos essenciais e relevantes; *sem linguagem compreensível*, o estudante pode dar uma resposta sem compreender bem o que se pergunta, ou mesmo não responder nada, devido não ter compreendido o que se pediu; *sem compatibilidade* entre o ensinado e o aprendido, não se poderá saber se o educando aprendeu o que fora ensinado, pois que fora ensinado um conteúdo com suas múltiplas determinações e fora perguntado outro; por último, *sem precisão*, o educando poderá responder a pergunta a partir do seu entendimento e não a partir de um entendimento unívoco com o do professor.

Desse modo, podemos verificar que são muitas as possibilidades de distorção na coleta de dados sobre o desempenho do educando, caso o educador, no papel de avaliador, não cuide de modo minimamente rigoroso das regras metodológicas na elaboração do seu instrumento de coleta de dados.

Ocorrendo a distorção na coleta de dados, as notas atribuídas ao educando com base em dados coletados nessas condições não podem representar efetivamente sua aprendizagem.

Desse modo, às distorções anteriores — relativas às compreensões epistemológicas da transformação indevida de "qualidade" em "quantidade de qualidade" e das médias simples e ponderadas de notas — acrescenta-se a distorção da base descritiva sobre a qual se assentam as notas escolares. Propriamente esta distorção não atua diretamente no conceito de notas escolares — como as distorções anteriormente tratadas — mas atua como sua base "material". E isso é grave, pois que engana a todos.

Há um adendo aos conteúdos tratados neste capítulo, que se refere ao *ranking* que se estabelece com as notas obtidas numa turma de estudantes ou numa escola. Sem os instrumentos de coleta de dados para avaliação, devido descuidados com o rigor metodológico na sua elaboração e aplicação, que validade terá estabelecer um *ranking* dos estudantes por meio de suas notas? Se os instrumentos de coleta de dados elaborados sem o devido rigor metodológico podem nos enganar e nos enganam quanto à verdadeira aprendizagem dos educandos, como podemos classificá-los tendo por base suas notas, que têm base material tão mal configurada? Fica a pergunta para todos nós que trabalhamos com notas escolares, como se elas fossem absolutas em si mesmas.

Tomar consciência das fragilidades dos nossos instrumentos de coleta de dados para a avaliação da aprendizagem implica:

a) de um lado, reconhecer os enganos cometidos ao longo do tempo sobre a verdadeira aprendizagem dos educandos, nos quais também podemos estar incorrendo no dia a dia escolar. Importa cuidar disso;

b) de outro, ficar ciente de como as notas escolares, que se assentam sobre tais dados, também são enganosas, à medida que sua base "material" pode não ter a consistência desejada, diante da qualidade insatisfatória dos instrumentos de coleta de dados.

A distorção na coleta de dados sobre a aprendizagem do educando produz distorções nas notas escolares, que, por si, seria o registro de sua qualidade. Um registro enganoso, porque sua base pode ser enganosa em decorrência dos dados coletados de forma distorcida.

Para investir na atividade de ensino em busca de uma qualidade plena da aprendizagem não se podem admitir instrumentos de coleta de dados metodologicamente insatisfatórios. O crime equivale a atuar profissionalmente sem os recursos adequados.

Capítulo IV

O fetiche das notas escolares*

Fetiche é um objeto material ou um personagem ao qual se atribuem poderes mágicos, que atuam por si mesmos, desatrelados da realidade.

Tendo em vista as considerações contidas nos capítulos anteriores, as notas escolares operam dessa forma. Atuam de forma autônoma, independentemente da qualidade da aprendizagem dos educandos. As distorções sinalizadas indicam que as notas escolares, como elas existem hoje, só podem existir devi-

---

* Durante meus estudos de Doutoramento em Educação, no final dos anos 1980, na PUC/São Paulo, estudando o materialismo histórico, em alguns Seminários de Estudos, sinalizei a possibilidade de abordar a "nota escolar" como um fetiche, à semelhança do que Marx fizera com a mercadoria. Na época, não dei corpo à intuição, mas, agora, escrevendo sobre as notas escolares, senti que essa abordagem traria um esclarecimento sobre o tema.

do terem sido hipostasiadas,[1] isto é, terem recebido uma realidade que não tem.

Que é o fetiche no seio dos conceitos do materialismo dialético? Seguindo Marx, mercadoria, dinheiro e capital são fenômenos que se dão no seio da sociedade capitalista e que operam descolados da realidade. A base dessa compreensão está no entendimento de Marx sobre valor de uso e valor de troca.

Tendo em vista compreender as notas escolares sob a óptica do fetiche, traremos para este texto os componentes básicos da compreensão do fetiche, abordados conceitualmente por Karl Marx, sem entrar nos detalhes que interessam diretamente para a teoria econômica da sociedade capitalista. Essa abordagem nos auxiliará a compreender como as notas escolares compõem um fetiche na escola e na vida social.

As notas escolares atuam de forma livre e independentemente da efetiva qualidade da aprendizagem dos educandos, à semelhança da mercadoria e, consequentemente, do dinheiro e do capital, fenômenos estudados por Marx no seio da sociedade burguesa.[2]

---

1. Ao verbo hipostasiar, o *Dicionário Houaiss da língua portuguesa*. Rio de Janeiro: Objetiva, oferece os seguintes significados: considerar falsamente (uma abstração, um conceito, uma ficção) como realidade; transformar uma relação lógica numa substância (no sentido ontológico da palavra); atribuir abusivamente realidade absoluta a uma coisa relativa.

2. Caso o leitor tenha desejo de aprofundar a compreensão sobre a dinâmica da mercadoria, do dinheiro e do capital no materialismo dialético, poderá ver o volume I da obra *O capital*, de Karl Marx, Partes Primeira e Segunda. O tema do "Fetichismo" é abordado no final do Capítulo I da Parte Primeira, que trata da mercadoria; contudo, para uma boa compreensão do tema, importa estudar pelo menos o capítulo todo; se possível, os capítulos subsequentes também (uso a tradução de *O capital*. Rio de Janeiro: Civilização Brasileira, s/d.).

O *valor de uso* de um objeto criado pelo homem expressa o fato de que ele é um bem e, dessa forma, atende materialmente a uma ou várias necessidades humanas; já por *valor de troca* Marx compreende que é esse tipo de valor que permite as trocas entre produtos, praticadas pelos homens como indivíduos ou como instituições. Em princípio as trocas se dariam entre bens materiais que tivessem valor equivalente, à medida que a "equivalência entre bens" é "o fator" que permite a troca. Contudo, esse "fator de troca" — a equivalência assumida entre os bens trocados — descola-se do valor de uso e passa a atuar independentemente dele, como tendo vida própria, como se contivesse a materialidade dos próprios objetos trocados. O valor, no caso da troca, passa a ser arbitrário e convencionado, não necessariamente vinculado à realidade, como ocorre com o valor de uso.

A mercadoria, que é produto da atividade humana e que se destina ao uso para atendimento de necessidades concretas, torna-se independente do próprio produto e atua por si mesma; as relações entre seres humanos transforma-se em relações entre coisas. No caso, as mercadorias, que são produtos humanos, são trocadas com valores que escapam ao seu produtor, como ao próprio produto. A troca de mercadorias assume vida própria, perdendo sua referência no valor de uso e em suas relações com o seu produtor. Desse modo, um objeto qualquer pode passar a ter um valor "nos procedimentos de troca" independente de sua materialidade, em decorrência, por exemplo, da sua escassez, ou ainda dos interesses de um dos trocadores; ou ainda do interesse dos dois trocadores envolvidos na troca; o que não necessariamente teria a ver com a sua materialidade, que atende a necessidades humanas.

Jean Paul Sartre[3] diz que o que define o valor social nas trocas é a escassez dos produtos. Produtos escassos valem mais pela sua escassez que pela sua materialidade, isto é, pelo seu valor de uso. O valor de troca tem sua base no "mercado", nas possibilidades de lucrar com a troca e não na sua capacidade de atender as necessidades humanas.

Quando, diante de um produto qualquer, examinamos o quanto foi investido para sua produção em comparação com o quanto o mercado está cobrando por ele (troca), dizemos popularmente: "Não vale quanto pesa"; isto é, está descolado da realidade. Ou se, no mesmo contexto, consideramos que o produto vale o que está sendo cobrado (valor de uso), dizemos: "Vale quanto pesa", querendo indicar que o valor cobrado em dinheiro corresponde à realidade.

Aos comerciantes, no modelo capitalista de produção, não interessa o uso, a função material do produto que comercializa (o "vale quanto pesa"); interessa o lucro (dito popularmente, "está valendo muito mais do que pesa").

Para o comércio, tanto faz vender roupa ou alimentos, equipamentos, saúde, educação ou qualquer outra mercadoria, não importa, pois, o valor de uso; importa somente o lucro que ela oferece, valor de troca. A função da mercadoria nas mãos do comerciante não necessariamente tem a ver com sua materialidade e com o seu uso para satisfazer necessidades humanas. Certamente que poderá e deverá cumprir essa função, mas, no comércio, não se olha, em primeiro lugar, para essa qualidade. No comércio, interessa o lucro adveniente de sua transação.

---

3. Filósofo existencialista francês (1905-1980) que trata desse tema na obra *Crítica da razão dialética* (uso a tradução SARTRE, Jean-Paul. *Crítica de la razón dialéctica*. Buenos Aires: Editorial Losada, 1963).

Então, a mercadoria, como mercadoria, na sociedade do capital, opera descolada do valor de uso e, pois, sua realidade material, por isso, se expressa como um fetiche, um "fantasma", que parece ser real, mas que é somente uma imagem que... ilude.

O mesmo ocorre com o dinheiro ou o lucro financeiro na sociedade capitalista. O dinheiro — que também é uma mercadoria na sociedade capitalista — assumiu inicialmente na história humana o papel de trocador universal de mercadorias. Em vez de trocar, por exemplo, uma quantidade de alimentos por uma quantidade de metal, o ser humano adotou um *trocador universal* — o dinheiro como um equivalente universal — que pudesse ser mais facilmente manipulado e servisse para trocar todos os produtos que viessem a ser comercializados.

Todavia, ocorre que o dinheiro, que nasceu como trocador universal (e, pois, uma mercadoria), também passou a ter independência e, por si mesmo, passou a gerar lucros por meio de empréstimos a juros e aplicações monetárias. De trocador universal o dinheiro manteve esse papel, mas também passou, ele próprio, a ser uma mercadoria lucrativa, atuando por si mesmo, sem base material. Quantas pessoas não vivem de "aplicação" no mercado financeiro?

No denominado capitalismo financeiro (fase mais recente da sociedade capitalista), o lucro do capital nasce da manipulação do dinheiro no mercado (Bolsa de Valores, por exemplo) e não propriamente da produção. Em vez de a equação ser "produção gera lucro", ela passou a ser "dinheiro gera dinheiro" e, pois, lucro. O professor Octavio Ianni,[4] em suas aulas e seus

---

4. Octavio Ianni foi professor da Universidade de São Paulo. Aposentado pelo AI-5 e, consequentemente, proibido de dar aulas na USP, passou a atuar na Pontifícia

escritos, costumava dizer que o capitalismo financeiro é o "enlouquecimento do dinheiro", isto é, geração de riqueza somente com a manipulação do dinheiro, independentemente da produção material. "Cabeça sem corpo" seria sua expressão. Um "fantasma" que age por si mesmo, descontroladamente.

Com essa compreensão do fetiche no materialismo dialético, tomemos a "nota escolar". Tendo presente as abordagens anteriores que tratam das distorções epistemológicas e práticas com as notas escolares, facilmente poderemos perceber como elas operam como um fetiche, à medida que operam descoladas da realidade do ensino-aprendizagem, à semelhança de como a mercadoria, o dinheiro e o capital atuam descolados da realidade econômica em nossa sociedade.

Retomemos, então, a compreensão de que a nota, da forma como é assumida e praticada em nossas escolas, seria a expressão da "qualidade" da aprendizagem (= realidade), todavia, na própria dinâmica de ser atribuída à aprendizagem de um educando, de imediato, num "piscar de olhos", ela deixa de significar "qualidade" para significar "quantidade de qualidade" da realidade, fenômeno que, como vimos, do ponto de vista epistemológico, não existe (fetiche).

"Quantidade de qualidade" é um fenômeno que, epistemologicamente, não existe, à medida que contém em si uma *contradictio in terminis*, como expressavam os latinos — uma contradição nos próprios termos que desejam expressar a realidade.

Universidade Católica de São Paulo (PUC-SP), tendo integrado a equipe de pesquisadores do Centro Brasileiro de Análise e Planejamento (Cebrap). Foi professor visitante e conferencista em universidades norte-americanas, latino-americanas e europeias. Voltou à universidade pública como professor na Universidade Estadual de Campinas — Unicamp. Publicou muitas obras — entre livros e artigos — sobre a sociedade moderna.

No caso, uma "atribuição" (= qualidade) tomada como se fosse uma "quantidade de qualidade", mas que não o é nem pode ser. Portanto, um fetiche, um fantasma.

Como um fantasma, a nota opera por si, independentemente da qualidade que representa, ou seja, as notas escolares permitem proceder a operações aritméticas como se fossem quantidades numéricas. *Hipostasiadas*, como abordamos nos capítulos anteriores, elas permitem "fazer processar matematicamente médias simples", como também "médias ponderadas", sem nenhuma referência à realidade à qual deveriam estar vinculadas.

Todos — estudantes, professores, pais, autoridades pedagógicas e administrativas da educação — atrelam-se às notas, esquecendo-se da aprendizagem. Os olhares estão voltados para as notas. Ao receber um teste, lido e anotado por um professor, usualmente o estudante olha exclusivamente para a nota, nada mais. O que ele poderia aprender, com base nas observações do professor, permanece obscurecido ou esquecido. O mesmo ocorre com os pais e autoridades. Isso não ocorre por uma atitude pensada e decidida; ocorre simplesmente pelo costume com o fetiche da nota que está sempre presente na vida educativa escolar, dentro e fora da escola.

Para melhor compreender essa fenomenologia, retomemos os exemplos que utilizamos nas abordagens anteriores.

Em primeiro lugar, o contrabando de conceitos. Qualidade de aprendizagem é "qualidade" e não "quantidade de qualidade", como passa a ser no momento em que o desempenho do estudante recebe uma nota. Nesse processo, ela salta indevidamente de "qualidade" para "quantidade". Contrabando que garante às notas seu componente básico: a possibilidade de proceder a operações aritméticas independentes da efetiva qualidade da aprendizagem do educando; afinal, "fantasmas" agindo como se fossem reais.

Esse contrabando permite a prática com a "média de notas" que expressa o modo como efetivamente se opera com uma "qualidade" sem respaldo na realidade.

No exemplo apresentado em capítulos anteriores, o estudante, tendo sido ensinado e tendo aprendido os conteúdos de adição e de subtração em matemática e obtido as notas 10,0 (dez) e 2,0 (dois), respectivamente, cuja média final é 6,0 (seis) — em decorrência da operação 10,0 + 2,0 = 12,0/2 = 6,0 —, pareceria que ele teria aprendido — acima da média 5,0, nota que aprova — as duas operações aritméticas, o que é um engano, pois que, na realidade, só aprendeu adição.

Como a operação da média foi realizada entre "quantidades" abstratas (números sem relação com a realidade) como se "fossem" entre qualidades, pareceria que o "6,0" (seis), como média, expressaria a "qualidade" do desempenho do educando tanto em adição como em subtração. O que, de fato, é um engano oportunizado pelo fetiche, como algo que não é real, mas que se parece com o real e atua independentemente dele. Uma dança entre fantasmas.

Na verdade, epistemologicamente, não existe possibilidade de obter média de qualidades; não há como juntar uma experiência com qualidade satisfatória a outra com qualidade insatisfatória e, então, fazer a média. Uma permanecerá satisfatória e a outra insatisfatória. Nesse processo, ocorre um salto indevido de "qualidade" para "quantidade", dando suporte à existência do fetiche, como algo que "parece que é", porém, "não é".

Vale ressaltar que a média ponderada de notas, da qual também tratamos anteriormente, se sustenta na mesma base ilusória. Retomemos o exemplo exposto no Capítulo 2, sobre médias ponderadas. Notas de dois estudantes relativas aos quatro bimestres de um ano letivo, com os pesos 1 para o primeiro bimestre, 2 para o segundo, 3 para o terceiro, e 4 para o quarto; e com os seguintes conteúdos por bimestre letivo: adição no 1º, subtração no 2º; multiplicação no 3º; e divisão no 4º.

Estudante	1º bimestre	2º bimestre	3º bimestre	4º bimestre	Total
1	3 × 1 = 3	5 × 2 = 10	7 × 3 = 21	9 × 4 = 36	70 ÷ 10 = 7,0
2	10 × 1 = 10	10 × 2 = 20	8 × 3 = 24	4 × 4 = 16	70 ÷ 10 = 7,0

Substituindo as expressões numéricas dessa tabela por expressões adjetivas (qualidades), tomando como referência o critério comumente praticado em nossas escolas para conversão de notas em qualidades (nota abaixo de 5,0 = insatisfatório; entre 5,0 e menos de 7,0 = médio; entre 7,0 e 8,0 = satisfatório; 9,0 e 10,0 = plenamente satisfatório), chegamos à tabela que segue:

Estudante	1º bimestre	2º bimestre	3º bimestre	4º bimestre	Total
1	3 × 1 = 3	5 × 2 = 10	7 × 3 = 21	9 × 4 = 36	70 ÷ 10 = 7,0
	Insatisfatório	Médio	Satisfatório	Plenamente satisfatória	Satisfatório
2	10 × 1 = 10	10 × 2 = 20	8 × 3 = 24	4 × 4 = 16	70 ÷ 10 = 7,0
	Plenamente satisfatória	Plenamente satisfatória	Satisfatório	Insatisfatório	Satisfatório

Observando-se a correlação das duas tabelas, percebe-se facilmente que, pela média ponderada, obtida por meio das notas descoladas da qualidade do desempenho dos estudantes, pareceria que os dois educandos teriam obtido a mesma qualidade de aprendizagem ao final dos quatro bimestres, pois que ambos estariam "aprovados" com a média 7,0 (sete).

Todavia, observando a correlação dos registros da primeira e da segunda tabela, ficaremos cientes de que efetivamente o desempenho de ambos apresenta diferenças fundamentais, ainda que ambos tenham atingido a aprovação linearizada ao final.

Vejamos:

- em adição (1º bimestre), o estudante 1 teve desempenho com qualidade *insatisfatória* em sua aprendizagem (nota 3,0); já o estudante 2 apresentou uma aprendizagem *plenamente satisfatória* (nota 10,0);
- em subtração (2º bimestre), o estudante 1 teve desempenho *médio* (nota 5,0), e o estudante 2, desempenho *plenamente satisfatório* (nota 10,0);
- em multiplicação (3º bimestre), ambos *satisfatórios*, ainda que, aqui, haja uma diferença na suposta qualidade do desempenho de ambos: o estudante 1 obteve um determinado nível de desempenho, registrado pela nota 7,0, e o estudante 2 obteve um suposto melhor nível de desempenho, registrado pela nota 8,0;
- e, em divisão (4º bimestre), o estudante 1 teve desempenho *plenamente satisfatório*, registrado pela nota 9,0, e o estudante 2, desempenho *insatisfatório*, registrado pela nota 4,0.
- Contudo, ao final, ambos têm suas aprendizagens consideradas como *satisfatórias* pela média 7,0. A nota 7,0, como

média ponderada das notas dos bimestres lineariza todas as aprendizagens como se todos os conteúdos fossem iguais, como também lineariza as aprendizagens dos dois estudantes, como também se fossem iguais. No entanto, nem os conteúdos nem a qualidade do desempenho dos dois estudantes são iguais.

A tabela anterior de correlação entre notas e qualidades mostra que as *qualidades dos desempenhos* de ambos são diferentes; todavia, pelo uso da *média ponderada* de notas entre os bimestres, *parece*, ao final, que seus desempenhos são equivalentes. O que permite concluir que as notas escolares, com seus malabarismos operacionais, não revelam a qualidade da aprendizagem dos educandos devido operar descoladas dela.

Vale ressaltar, como já sinalizamos anteriormente, que "média ponderada" altera a qualidade dos resultados de modo mais radial que a "média simples". Pela média simples, no exemplo que vimos utilizando, o estudante 1, ao final do ano letivo, teria um desempenho *médio* (6,0) e o estudante 2 teria um desempenho *satisfatório* (8,0), qualidades diferentes daquela que fora registrada pela "média ponderada", isto é, *satisfatório* para ambos (7,0). Assumindo essa nota como expressão da qualidade da aprendizagem dos dois estudantes, com relação à média simples, o estudante "1" sobe de qualidade e o estudante "2" é rebaixado em sua qualidade.

Por que tudo isso ocorre? Pelo "fetiche das notas escolares", que registram supostas expressões da qualidade da aprendizagem dos educandos, mas que, efetivamente, operam por si mesmas, descoladas das qualidades que representariam; ou seja, operam à semelhança de como a mercadoria, o dinheiro e o capital operam descolados da base material que sustentaria cada um desses fenômenos.

Uma das consequências práticas desses procedimentos é que muitos — ou muitíssimos — estudantes seguem pela vida escolar e pela vida pessoal com lacunas de conhecimentos e habilidades, ainda que, na escola, pelas "notas" e pelas "médias de notas" tivessem sido aprovados.

As médias podem aprovar e têm aprovado, mas distorcem a realidade e nos enganam, como temos visto. E, de alguma forma, desobriga o sistema de ensino, assim como os educadores em particular, de investir na qualidade do ensino-aprendizagem na escola tendo em vista garantir a aprendizagem dos educandos com qualidade plena. Pela "média" segue-se em frente, ainda que sem a *qualidade satisfatória da aprendizagem* em todos os conteúdos essenciais ensinados.

Os exemplos que utilizamos, neste texto, mostram que os estudantes, ainda que tenham obtido a aprovação por "médias de notas", relativas aos variados conteúdos abordados numa unidade de ensino (bimestre, por exemplo), prosseguem carentes de aprendizagens significativas em alguns desses conteúdos; o mesmo ocorrendo de uma série de escolaridade para a subsequente.

A média de notas nivela qualidades variadas para uma única, como bem diz a sua denominação, "pela média". A média não reconhece as variações e ela só pode ser obtida pela ilusão da transformação indevida de "qualidade" em "quantidade de qualidade". As médias estatísticas podem ser bastante adequadas e significativas nas pesquisas científicas, mas, ao contrário, nada significativas nas práticas da avaliação da aprendizagem escolar, como temos abordado.

A "média de notas" expressa uma aprendizagem supostamente satisfatória em *todos* os conteúdos ensinados e aprendidos num determinado período escolar, contudo, tomando individualmente cada um dos conteúdos, verificar-se-á que nem todos foram aprendidos satisfatoriamente; fato que implica em lacunas de conhecimentos e habilidades na escolaridade subsequente e na vida.

Por essa razão, observamos que educadores, na sequência das séries escolares, que compõe nosso sistema de ensino, usualmente reclamam que os estudantes chegam às suas classes "sem base de conhecimentos necessários" para prosseguir nos estudos em andamento. Nosso sistema de ensino, operando com notas fetichizadas, isto é, sem vínculos com a efetiva qualidade da aprendizagem em cada um dos tópicos de conteúdos ensinados, possibilita isso e esconde a realidade das fragilidades e carências do nosso ensino, seja do sistema como um todo, seja do educador individual na sala de aula.

As notas, com suas possibilidades de "médias de notas", sejam elas simples ou ponderadas, não compõem uma solução satisfatória para o sistema escolar de ensino, do ponto de vista de sua qualidade satisfatória para todos.

Reagindo a tudo o que foi exposto, poder-se-á argumentar que, quando as notas são próximas umas das outras, a média é mais próxima da qualidade desejada. Por exemplo: 7,0 + 8,0 + 6,0 + 9,0 = 30 ÷ 4 = 7,5. Certamente que a nota 7,5 (sete e meio), nessa descritiva, atua menos sobre a variação das notas dos exemplos anteriores, todavia, aqui, ainda permanece o que temos sinalizado, isto é: (01) permanece a indevida transformação de "qualidade" em "quantidade de qualidade", que permite fazer as operações matemáticas da média, como também (02) permanece a média, que lineariza as variadas qualidades dos desempenhos (a qualidade representada indevidamente pelo 7,5 lineariza as variações das qualidades representadas por 7,0, 8,0, 6,0, 9,0). O fetiche permanece.

Ainda uma observação sobre a questão das médias de notas. O exemplo utilizado acima trabalha com quatro conteúdos, possibilitando uma média entre os bimestres letivos, contudo, isso pode ocorrer também no seio dos conteúdos de um mesmo bimestre. Por exemplo, um professor atribui valor (peso) 7 para um teste que opera com conteúdos teóricos, e valor (peso) 3 para uma prática. No caso, como alguém que se apropria de uma compreensão teórica não consegue praticá-la? Qual a razão do teórico ser mais importante do que o prático para a vida? Novas distorções.

Por último, vale uma última observação sob a óptica política dos procedimentos que vimos abordando sobre as notas escolares.

As notas escolares operam antidemocraticamente. Com as singularidades que temos apontado neste texto, elas realizam o mesmo modelo de exclusão social que se faz presente na sociedade moderna burguesa.

A sociedade moderna é marcada pela seletividade e exclusão social.[5] E as notas escolares, com suas médias, assim como

---

5. Entre outras obras que estudam a relação entre vida social e escola, no que se refere à avaliação, vale a pena ver o livro de Perrenoud, Philippe. *Avaliação*: da excelência à regulação das aprendizagens — entre duas lógicas. Porto Alegre: Artes Médicas, 1999; assim como o livro de Foucault, Michel. *Vigiar e punir*. Petrópolis: Vozes (existem várias edições desta obra de Foucault, que, de fato, são simplesmente reimpressões do mesmo texto, o que implica que o leitor poderá servir-se da edição que tiver em mãos).

com tudo o mais que ocorre para que se chegue às notas e às médias, propiciam um afastamento do que poderia ser um recurso fundamental, entre outros, para a equalização social, "preparando todos para serem governantes", como pensava Antonio Gramsci, citado na Introdução.

Isto é, se se investisse na aprendizagem satisfatória de todos — não pela média de notas, mas pela aprendizagem efetiva, com *qualidade plena*, isto é, plena aprendizagem dos conteúdos ensinados como essenciais —, todos teriam ao menos o recurso de uma consistente formação escolar à sua disposição para "buscar um lugar ao sol".

Todavia, a escola, operando em torno das notas, obscurece sua missão de efetuar um ensino de qualidade, um ensino em que todos aprendem o necessário dentro de uma determinada cultura num determinado momento histórico. As notas escolares e suas médias, como são utilizadas em nossas escolares, repetem o modelo de hierarquias sociais por meio das hierarquias escolares, produzidas, de forma descendente, dos que "aprenderam" para aqueles que "não aprenderam".

Para reagir a esse modelo, garantido à escola cumprir o seu papel no processo de equalização social, importa que se faça a abolição das notas escolares (que pode ser transformá-las em exclusivo modo de registrar o testemunho do educador de que ele ensinou bem e o estudante aprendeu, com qualidade plena, o que fora ensinado), assim como a abolição das suas operações aritméticas, através do investimento na aprendizagem satisfatória para todos, não só para alguns. Meio pelo qual poderíamos superar o fetiche das notas e suas consequências, o que também permitiria ultrapassar as hierarquias escolares e, consequentemente, coloque-se a serviço da equalização social.

Os procedimentos escolares em relação aos estudantes deveriam deixar de ser "Nós ensinamos, eles decidem se aprendem ou não", para ser "Nós ensinamos e efetivamente eles aprendem porque investimos em sua aprendizagem".

A essa altura, pergunta-se: "O que fazer, então?" A resposta é investir na qualidade de ensino-aprendizagem, de tal forma que tenhamos, em nossas escolas, *todos os estudantes* aprendendo o necessário.

Capítulo V

Então, como registrar os resultados da aprendizagem dos nossos educandos?

A memória viva de cada um de nós é pequena diante do volume de informações que necessitam de registros e devido a nosso caminhar pela vida, que faz com que percamos dados do passado em nossas memórias pessoais. Importa, entre muitos outros registros necessários na vida social, haver um registro da memória da passagem de um estudante pelos caminhos escolares em seu processo de formação. Essa é uma necessidade do caminho da vida. Então, registros da vida escolar dos educandos é uma necessidade. Não se pode prescindir deles.

Diante disso, cabe perguntar: se o presente modo de registrar a memória da passagem e das aprendizagens de um educando na escola apresenta distorções e um registro é necessário, então, como proceder?

Essa pergunta orientará os dois tópicos deste capítulo: (01) nossa prática hoje na atribuição de notas escolares; (02) a possibilidade de atuar de outra maneira.

1. A prática presente em nossas escolas

Ensinar e aprender tem a ver com "ensinar e aprender". Essa afirmação parece óbvio, porém não o é; se o fosse, não teríamos tantas fragilidades na qualidade da aprendizagem dos educandos em nossas escolas como as temos atualmente.

As notas escolares, como são praticadas hoje em nossas escolas, em todos os níveis de ensino, são prejudiciais à qualidade satisfatória do ensino-aprendizagem, como abordamos extensivamente nos capítulos anteriores. Elas abrem uma "fresta" nas práticas pedagógicas, tanto sob a óptica do educador como do educando, no que se refere ao efetivo ensino e à efetiva aprendizagem; *qualidade plena da aprendizagem*, expressão que tenho utilizado ao longo do presente texto.

O uso das notas escolares, no nosso dia a dia educativo e social, forma crianças, adolescentes e adultos predominantemente centrados na mentalidade de que o que importa é a "nota que aprova". Esse não é um padrão de conduta natural, mas aprendido ao longo do tempo; afinal, como na vida, onde todas as nossas condutas são aprendidas.

Essa crença opera em detrimento do verdadeiro significado do ensino e do verdadeiro significado da aprendizagem na escola, que é a formação do ser humano, como pessoa, cidadão e como profissional. Notas escolares não formam, mas aprendizagem sim. Afinal, somos e agimos da forma como aprendemos ao longo da vida, nas múltiplas e variadas oportunidades que temos de aprender.

As falas dos estudantes em nossas escolas hoje — que também foram as minhas, assim como de meus colegas, quando estudantes — têm aproximadamente as seguintes formulações: "Nem preciso mais frequentar as aulas. Já passei. Tenho nota de sobra"; "Para que estudar tanto? Só preciso de um ponto"; "Nem estudei tanto, mas já tenho nota para passar" etc. Todos, acredito, em suas vidas se recordam de falas semelhantes ou próximas a essas, a respeito das notas escolares.

Por outro lado, os educadores, assim como os pais, constantemente lembram aos seus estudantes e filhos, respectivamente: "Você precisa melhorar sua nota. Estude". E, na vida social, se privilegia aqueles que têm boas notas, mas se descuida daqueles que não as tem.

Afinal, todos vinculados às notas muitíssimo mais do que aos conhecimentos, que, se bem ensinados e bem aprendidos, geram as capacidades humanas de todos os cidadãos do mundo.

Para bem compreender o que vai se expor a seguir, importa estarmos conscientes de que, na vida, agimos com base nos conhecimentos, habilidades e capacidades que temos e não nas notas escolares que obtivemos. Repetindo: afinal, somos, vivemos e nos expressamos como aprendemos.

No que se segue, tentaremos mostrar que o que importa é ensinar bem e aprender bem. *As notas são formas de registros da memória escolar*; são anotações, nada mais que isso, ainda que, historicamente, se tenha criado um significado grandiloquente para elas, certamente distorcido, como temos visto no decurso deste livro.

Diante das distorções presentes nas notas escolares já abordadas neste livro — distorção epistemológica (Capítulo I), distorções presentes nas médias de notas (Capítulo II), distorções decorrentes dos instrumentos de coleta de dados (Capítulo III), fetiche das notas escolares (Capítulo IV) —, necessitamos encontrar uma nova forma de testemunhar a qualidade da aprendizagem e a capacitação de cada educando no seio da vida escolar.

Para que o registro da "qualidade" da aprendizagem do educando seja somente o testemunho da "qualidade da sua aprendizagem", e não *nota*, como tem sido compreendida e praticada hoje, o caminho seria outro: trabalhar para que cada educando aprenda o necessário, ou seja, *ensinar bem*, que é um ato mais complexo do que "dar aulas".

"Dar aulas" assemelha-se à conduta do *semeador*, relatada nos evangelhos de Jesus de Nazaré, que saiu a semear e cujas sementes caíram em diversos tipos de terreno. Algumas delas nem mesmo germinaram; outras germinaram, porém, feneceram. Poucas germinaram, cresceram e deram frutos.

"Ensinar", porém, assemelha-se à conduta do *jardineiro* que prepara o terreno, semeia suas sementes e cuida de todas para que germinem, cresçam e produzam frutos. Aquelas que apresentam mais dificuldades, mais atenção e cuidados merecem.

Ensinar é cuidar para que os educandos efetivamente aprendam o que necessitam aprender e, pois, adquiram a capacidade de expressar seu desempenho com qualidade plena. O educador tem interesse neles e em sua aprendizagem.

2. Então, como registrar o testemunho da qualidade da aprendizagem?

Em primeiro lugar, haverá a necessidade de assumir um registro da qualidade da aprendizagem do educando em seu caminhar pela escolaridade, isto é, uma *"anotação"* (registro) do testemunho da "qualidade" do desempenho do estudante em sua aprendizagem e não registro da "quantidade de qualidade" (como ela tem sido praticada). Esse registro tem por objetivo garantir a memória da passagem do estudante pela escola, o que poderá ser feito sob a forma numérica, como tem sido na tradição escolar do nosso país; pode ser por uma letra, como em países de língua inglesa; ou por um relatório descritivo, como tem sido praticado em algumas escolas, especificamente na Educação Infantil e no Ensino Fundamental, seja em nosso país ou fora dele.

O registro (= anotação sob a forma de nota, letra ou relatório) expressa a memória do testemunho do educador de que o educando foi acompanhado por ele no ensino e na aprendizagem, num determinado período letivo, e aprendeu o necessário (obteve a qualidade plena nas aprendizagens necessárias).

A partir desse ponto, tanto no sistema em geral, quanto na escola como unidade de ensino (espaço que nos interessa diretamente neste texto), haveria necessidade de um efetivo investimento na *conquista* da qualidade satisfatória no desempenho do educando, o que implica um *planejamento* consistente do que é necessário ensinar, na *execução efetiva* de todos os atos pedagógicos necessários para que o educando efetivamente aprenda, no uso da *avaliação* como recurso de diagnóstico do desempenho do educando, tendo em vista sua *reorientação*, se necessária.

Vamos supor que, em uma determinada escola e numa determinada série escolar inicial, *planejamos* ensinar os seguintes conteúdos no tópico adição, em aritmética: (01) raciocínio aditivo; (02) fórmula da adição; (03) propriedades da adição; (04) solução de problemas simples de adição; (05) solução de problemas complexos. Cada conteúdo desses deverá ser redefinido por meio dos tópicos (pontos ou objetivos) que o compõem, de tal forma que o educador tenha plena consciência do que irá ensinar; pontos sem os quais a aprendizagem não será significativa.

A *execução* do planejado implica o uso das mediações para que o ensino e a aprendizagem se deem de modo eficiente — exposição, compreensão, exercitação, aplicação, recriação. Sobre os passos essenciais do processo de ensinar e aprender, o leitor poderá ver meu *Avaliação da aprendizagem: componente do ato pedagógico*, capítulo "Avaliação da aprendizagem e prática pedagógica bem-sucedida: mediações do projeto político-pedagógico na escola" (São Paulo: Cortez, 2011. p. 59-144). O ser humano é um ser ativo, por isso aprende de modo ativo e ao mesmo tempo compreensivo. Sem um exercício de ensinar e aprender ativamente, o ser humano não adquire habilidades e competências necessárias à vida individual e coletiva.

Por último, se planejamos algo a ser ensinado e se efetivamente ensinamos, necessitamos saber se os estudantes *aprenderam satisfatoriamente* o que ensinamos, à medida que o que importa na escola é "aprender". Para tanto, praticamos a *avaliação* do desempenho dos estudantes na aprendizagem dos conteúdos ensinados e em ensinamento. Ato que implica (01) descrever e (02) qualificar a realidade; podendo-se (03) intervir na realidade, tendo em vista corrigir a qualidade dos resultados obtidos, quando não satisfatórios.

Para essa *descrição*, tendo presente o exemplo tomado como referência, necessitamos de algum *instrumento* de coleta de dados sobre o desempenho do educando nos cinco tópicos de conteúdos definidos no planejamento e que orientaram as mediações (as ações) educativas.

Como nossa capacidade de observar a realidade é bastante restrita, necessitamos de recursos que a ampliem, subsidiando uma satisfatória coleta de dados, que, por sua vez, propicia uma boa descritiva da realidade. Nem mais nem menos que isso.

No instrumento de coleta de dados, superando as limitações metodológicas apontadas no Capítulo III:

01 importa cobrir *sistematicamente* todos os conteúdos ensinados, por meio de questões (ou tarefas) destinadas a convidar o estudante a manifestar sua aprendizagem em cada um dos cinco tópicos planejados, tendo presente as categorias de condutas: assimilação das informações (= apropriação compreensiva do que fora exposto), formação das habilidades necessárias como expressão da aprendizagem (= procedimentos na operação com os conteúdos), capacidade de usar ativamente os conhecimentos (= aplicação);

02 importa o uso de linguagem compreensível por parte do educando; o uso da compatibilidade entre ensinado e aprendido, o uso da precisão nas perguntas e tarefas;

03 importa previamente definir os tipos e as quantidades de questões e/ou tarefas que comporão o instrumen-

to (ou os instrumentos) de coleta de dados, tendo em vista cobrir sistematicamente a descrição do objeto da avaliação;

04 importa definir ainda previamente quantos acertos do estudante serão necessários para poder afirmar que ele aprendeu o necessário. Basta um acerto em cada uma das categorias de conduta previamente estabelecidas? Dois acertos? Três acertos?

Isto posto, o instrumento é composto graficamente, reproduzido e aplicado. Após correção, tendo presente a definição do padrão "aceitável de desempenho", caso o educando manifeste desempenho satisfatório, nada mais a fazer a não ser registrar o resultado satisfatório. Mas, caso apresente desempenho insatisfatório, haverá que investir ainda em sua aprendizagem, desde que a única coisa que importa numa escola é a aprendizagem do educando.

Na intervenção corretiva da qualidade dos resultados obtidos, deve-se investir predominantemente nos conteúdos que o educando revelou não ter aprendido, pois que importa que tenha um desempenho satisfatório em todos os tópicos do conteúdo, segundo as categorias de conduta a serem adquiridas (informações, procedimentos e atitudes).

Adquirir todos os conhecimentos e as habilidades expressos nos conteúdos dos cinco tópicos elencados no planejamento, no exemplo acima, representa o "mínimo necessário de aprendizagens" nessa unidade de conteúdo que o educando deve adquirir.

Não basta acertar aleatoriamente 7 ou 10 ou 15 das 20 questões ou tarefas propostas no instrumento de coleta de dados. Importa, sim, que o estudante manifeste ter aprendido suficientemente bem os conteúdos dos cinco tópicos definidos no planejamento do ensino: (01) raciocínio aditivo, (02) fórmula da operação, (03) propriedades da adição, (04) solução de problemas simples e (05) solução de problemas complexos.

Caso o estudante, por meio do instrumento de coleta de dados, manifeste não ter processado a aprendizagem satisfatória em um ou outro dos tópicos de conteúdos, deverá ser reorientado para que aprenda e até que aprenda. Com esse procedimento, chegar-se-á ao nível de satisfatoriedade plena da aprendizagem proposta e necessária. Será o investimento na qualidade da aprendizagem que produzirá a satisfatoriedade.

Então, com o nível satisfatório de aprendizagem em todos os tópicos de conteúdos, podemos testemunhar a qualidade de sua aprendizagem nos documentos oficiais da escola, *que significará o registro de nosso testemunho de que investimos no educando e ele efetivamente aprendeu o necessário.*

Tendo presente as variações genéticas e socioculturais entre os seres humanos, podemos registrar as qualidades das aprendizagens dos estudantes em duas possíveis expressões simbólicas: uma para representar aqueles que *aprenderam o necessário*[1] e outra para representar aqueles que, para além de aprender o necessário, manifestaram-se *refinados* na operação e uso dos conhecimentos aprendidos.

Nesse sentido, Norman Groulund, teórico norte-americano da área da avaliação da aprendizagem, lembra que existem apren-

---

1. Em capítulo anterior, definimos que o "mínimo necessário" não é o "mínimo possível", mas efetivamente a aprendizagem necessária para que se possa testemunhar que o educando aprendeu o que deveria ter aprendido.

dizagens *para o domínio* (= o necessário) e *para o desenvolvimento* (= possibilidades mais refinadas de compreensão e ação).[2]

O registro poderia ser por meio de "símbolos numéricos", como usados hoje, de forma predominante, no sistema escolar brasileiro. Por exemplo, 8,0 (oito) para quem aprendeu o necessário e 10,0 (dez) para quem se manifestou mais refinado em conhecimentos e habilidades; mas também poderia ser 9,0 (nove) e 10,0 (dez), respectivamente; ou qualquer outra simbologia, que não seja a numérica.

Evidentemente que os símbolos numéricos propostos são convencionais, como seriam quaisquer outros símbolos, ou recursos de linguagem que viessem a ser adotados. Poderíamos tomar símbolos alfabéticos — "A" para registrar desempenhos mais refinados, e "B" para registrar desempenhos no nível da "aprendizagem do necessário". Ou outro qualquer.

O fato de mudar a simbologia de registro não modifica em nada os procedimentos do ato avaliativo, à medida que o registro é externo ao ato de avaliar. A "qualidade plena" da aprendizagem deverá ser *conquistada* e, depois, poderá ser registrada em conformidade com uma simbologia definida coletiva e institucionalmente, como usualmente ocorre. No Brasil, a simbologia mais comumente utilizada é a numérica (que denominamos de nota escolar), o que tem ajudado a confundir "qualidade" com "quantidade". Contudo, poderá ser usada, mas como expressão da qualidade plena da aprendizagem e não como recurso para as médias.

---

2. Ver Groulund, Norman. *Elaboração de testes para o ensino*. São Paulo: Pioneira, 1979; ver também, do mesmo autor, *Sistema de notas na avaliação do ensino*. São Paulo: Pioneira, 1979.

Se agíssemos pedagogicamente, levando em conta o "mínimo necessário" (isto é, levando sistematicamente em conta a necessidade e a busca da aprendizagem de todo o conhecimento em uma unidade de estudos), estaríamos sustentando a necessidade e a possibilidade de democratizar o ensino. Apostaríamos no fato e no investimento de que ninguém poderia deixar de aprender "o necessário". Alguém — um educando — poderá não refinar-se no uso de determinado conhecimento, mas o necessário deverá adquirir.

Aprendendo o necessário, todos têm a possibilidade de se equalizar, ao menos educativamente, o que possibilita que cada um "busque o seu lugar ao sol". Mais: se todos aprendem o necessário, todos estão habilitados a prosseguir refinando seu modo de compreender e atuar no mundo. A base teria sido estabelecida para todos. Foi em torno disso que Antonio Gramsci nos lembrou de que "todos devem aprender para ser governantes", em conformidade com a citação que fizemos na Introdução.

Observar que, nas formas de registro aqui propostas, não se está buscando uma média de "quantidades de qualidades", mas sim a "qualidade plena das aprendizagens" (a necessária) expressa pelos educandos, e registradas por esse ou aquele símbolo. Busca-se a qualidade satisfatória plena como a única opção possível. Como se diz popularmente, "Você tem, para sua escola, duas opções: buscar a qualidade satisfatória ou buscar a qualidade satisfatória".

Este modelo de registro de resultados exige investimento intencional na aprendizagem satisfatória dos estudantes, tanto por parte do sistema de ensino quanto dos educadores individualmente. O registro de satisfatoriedade na aprendizagem não decorrerá de uma compensação,[3] seja por que razão for. Não será um registro gratuito; será, sim, o registro de uma aprendizagem buscada e efetivamente construída.

Com esse modelo — investimento na qualidade plena da aprendizagem oferecida —, não existiria nem retenção (reprovação) nem fracasso escolar. Só atividade bem-sucedida. Tal resultado, sem sombra de dúvidas, exigirá de todos mais atenção e mais cuidado no ensino-aprendizagem. Afinal, nada mais do que investimento na construção dos resultados que foram definidos no planejamento do ensino.

Se assumirmos transitar do modelo de notas escolares, hoje praticado, para o modelo do registro da qualidade da aprendizagem satisfatória sobre os "conteúdos necessários", obrigatoriamente estaremos transitando também para o investimento na busca da qualidade satisfatória da aprendizagem em nossas escolas. Não haverá aprendizagem plena por parte dos educandos sem o investimento da instituição escolar, da qual faz parte o educador, na busca dessa qualidade.

E, então, estaremos agindo pedagogicamente em compatibilidade com o objetivo de alcançar o ensino-aprendizagem democrático, isto é, todos chegam ao mínimo necessário e, dessa forma ocorrendo, não haverá fracasso escolar; porém, sim, escola de qualidade para todos.

---

3. As denominadas "pedagogias compensatórias" são aquelas que, em vez de investir na qualidade, toma a decisão de que, devido determinadas condições sociais e históricas de privação, o melhor é promover o educando, mesmo que não tenha aprendido o suficiente. Essa opção política, ainda que no presente pareça ser condescendente, ao longo do tempo, é perversa, à medida que deixa o educando com carências em sua formação, ainda que acredite que está se formando, porque lhe será concedido um diploma oficial. Diploma que, na prática, não significará melhores condições para sua atuação na vida.

O ato de avaliar é o parceiro dessa jornada, que se propõe a ser bem-sucedida, isto é, diagnosticar o desempenho do educando na aprendizagem e, se necessário, intervir para que chegue à aprendizagem necessária; de forma alguma, *qualquer* aprendizagem, somente a *necessária*.

Essa é a forma epistemológica de como se praticar o *registro* do testemunho da qualidade de uma aprendizagem positivamente construída.

As distorções, sinalizadas nos capítulos anteriores, ocorrem quando o registro numérico (ou o registro alfabético — usualmente também transformado em numérico) é assumido como uma "quantidade de qualidade", o que, de fato, não existe.

Em avaliação, busca-se revelar a qualidade dos resultados da ação, tendo em vista investir mais e mais, caso seja necessário para atingir a qualidade desejada, isto é, a aprendizagem do necessário por parte *de todos os educandos*.

Considerações finais
Investimento na busca da qualidade plena da aprendizagem dos educandos

Certamente que se perguntará: como conseguir essa qualidade da aprendizagem por parte de todos os estudantes matriculados numa turma, se nossas escolas funcionam com um currículo estabelecido, dentro de uma carga horária fechada e com turmas de estudantes variando entre 25 e 45 indivíduos?

Não existe fórmula mágica para isso. O que se exige são investimentos mais significativos do que deixar o barco correr, o que equivale à diferença entre as parábolas do semeador, registrada nos textos evangélicos cristãos, e a parábola do jardineiro, uma adaptação para uso pedagógico-didático, anteriormente já sinalizada neste livro, a respeito da distinção entre "dar aulas" e "ensinar".

A parábola do semeador — já lembrada anteriormente — diz que o semeador saiu a semear e, tendo parte de suas sementes caído na beira da estrada, vieram os passarinhos e comeram-nas; outra parte, tendo caído em terreno pedregoso, as plantinhas nasceram, porém, com o sol quente, feneceram; uma terceira parte caiu no terreno espinhoso, permitindo que as plantinhas nascessem, mas fossem sufocadas e morressem; e uma quarta parte caiu no terreno fértil, o que garantiu que as plantinhas nascessem, crescessem e dessem bons frutos. Por essa parábola, somente um quarto das sementes produz efeitos positivos. Certamente que é pouco, muito pouco. A toeira do semeador é de que somente as sementes que tiverem a sorte de cair em um terreno fértil produzirão frutos.

A parábola do jardineiro — também lembrada anteriormente — diz que o jardineiro saiu para semear suas sementes. Parte delas foi semeada junto à estrada e, sabendo que os passarinhos viriam para comê-las, cuidou para isso não acontecesse, colocando espantalhos para que os passarinhos não as devorassem. Antes de semear no terreno pedregoso, o jardineiro preparou a terra, a fim de que as sementes pudessem nascer e crescer, para, um dia, dar bons frutos. Uma terceira parte das sementes fora semeada em terreno que fora espinhoso; antes de semeá-las, o jardineiro limpou e preparou o terreno de tal forma que as sementinhas nasceram, cresceram e deram frutos. Por último, parte das sementes caiu em terreno fértil e também as plantinhas nasceram, cresceram e deram bons frutos. A teoria do jardineiro é de que todas as sementes, se cuidadas, podem dar bons frutos.

A diferença entre as duas parábolas é que o semeador semeia e *espera* que os frutos cheguem; o jardineiro *cuida* para que os frutos cheguem. Verbos diferentes para expressar filosofias e condutas diferentes.

No caso, penso que o educador necessita de agir à semelhança do jardineiro, isto é, aquele que cuida da realidade na busca dos melhores resultados. O jardineiro tem seu olhar centrado mais na solução do que no problema. Os problemas, impasses e dificuldades estão postos em nossas vidas não para que fiquemos aprisionados neles, mas para que busquemos melhores caminhos.

Com essa filosofia em mente, é óbvio que teremos ajustes a serem efetuados se tivermos um número grande de estudantes, se tivermos um currículo mais extenso ou uma carga horária de aulas bastante restrita. Todavia, como o jardineiro, o educador olhará para a solução; o problema já existe, a solução está por ser buscada, construída. Qual será a melhor solução? Só o caminhante descobre o melhor caminho. Compreensões teórico-práticas todos as temos. A questão é: como transformá-las em recurso a favor do nosso desejo.

Isso não significa que não se olhará para o problema com o olhar de diagnóstico. Esse é um passo necessário na busca de solução. Reconhecer previamente que existe um problema, um impasse é a base da busca de solução. Contudo, o aprisionamento no problema, que usualmente se manifesta como "lamentação", impede a busca da solução.

Então, obter a qualidade satisfatória na aprendizagem dos educandos — ainda que sejam muitos, com um currículo fechado e com carga horária restrita — dependerá de nos perguntarmos qual a solução do impasse diante do quadro que temos, tendo em vista o sucesso dos nossos desejos, sistematizados em nossos planejamentos.

Por exemplo, elaborar e utilizar instrumentos de coleta de dados, elaborados com rigor metodológico, pode nos revelar, *com precisão*, onde os educandos estão tendo dificuldades. Não necessitarão de ajuda em todos os conteúdos ensinados, mas somente naqueles que ainda não foram aprendidos.

E esses conteúdos onde se encontram as mais significativas dificuldades serão detectados por um instrumento de coleta de dados que apresente *sistematicidade, linguagem compreensível, compatibilidade entre o ensinado e o aprendido, precisão*, características mínimas de um instrumento elaborado com um rigor metodológico necessário, que apresentamos anteriormente neste livro.

Ou: cada educador, em sala de aula, ao final de cada conteúdo exposto e exercitado, poderá fazer um pequeno diálogo com os seus estudantes, tendo em vista verificar se *compreenderam* e *assimilaram* o que foi exposto, assim como detectar o que *ainda* não foi compreendido e assimilado. Então, proceder a correções imediatas, sem "deixar para depois", acumulando conteúdos não aprendidos; minando, dessa forma, as condições de aprendizagens subsequentes.

Para restaurar uma aprendizagem não realizada, pode-se, na sala de aula, servir-se do expediente de que "quem aprendeu ensina quem não aprendeu". Os estudantes de uma turma aprendem em velocidades diversas dentro de um determinado tempo. Um exercício a mais, realizado por dois estudantes — um que aprendeu e o outro que ainda não aprendeu — pode resolver de imediato uma carência de aprendizagem.

Ou ainda, o próprio professor pode propor um exercício a mais e resolvê-lo em conjunto com todos os estudantes na sala de aula, o que, para os que não aprenderam, propicia a aprendizagem, e, para aqueles que já aprenderam, propicia um refinamento em sua aprendizagem.

Então, a meu ver, é possível atuar na prática educativa em busca da *qualidade plena da aprendizagem*, como vimos definindo ao longo deste livro. Para tanto, importa vontade de que ela chegue.

O que não poderá existir é que o educador, em sala de aula, após uma simples exposição de um determinado conteúdo, julgue que os estudantes já deveriam ter aprendido o que fora ensinado. Para se aprender — isto é, tomar posse de um conhecimento —, há necessidade de que o conhecimento seja (01) exposto, (02) compreendido e assimilado, (03) exercitado, (04) aplicado, (05) recriado por cada estudante em sua compreensão e linguagem própria, como sinalizamos anteriormente. Através desse percurso, coordenado pelo educador, o educando toma posse do conteúdo ensinado, o que significa *qualidade plena da aprendizagem* por parte de todos os educandos.

Em síntese, o educador, como o jardineiro, é aquele que deseja ver os resultados positivos de sua ação, o que implica que investe neles com determinação. O resultado positivo, mais do que *dado*, é *construído*.

Existirão interferências das condições institucionais de ensino, assim como das carências e fragilidades dos educandos? Com certeza. Então, volta a filosofia de o que importa é a busca da melhor solução, nunca a lamentação dos problemas e dificuldades.

Nessa perspectiva, não podemos nos esquecer de que a escola anuncia socialmente que ensina bem e que os educandos efetivamente se educam. Então, deve cumprir o que anuncia. Afinal, os anúncios não podem ser enganosos, sob pena de crime. Além do que o educador individual, na sala de aula, é e deve ser o adulto da relação pedagógica e, nessa condição, é o responsável pelo ensino. Tanto a instituição escolar, como o educador dentro dela necessitam estar *com os olhos voltados para o sucesso* de sua atividade e, nos casos de impasses, *com os olhos voltados para a busca de solução*. A lamentação não será eficiente nem saudável. Saudável... somente a ação construtiva, que, afinal, propicia que a vida siga o seu caminho.

Referências bibliográficas

FOUCAULT, Michel. *Vigiar e punir*. 41. ed. Petrópolis: Vozes.

FRONDIZI, Rizieri. *Que son los valores?* México: Fondo de Cultura Económica, 1958.

GRAMSCI, Antonio. *Os intelectuais e a organização da cultura*. Rio de Janeiro: Civilização Brasileira, 1979.

GROULUND, Norman. *Elaboração de testes para o ensino*. São Paulo: Pioneira, 1979.

_____. *Sistema de notas na avaliação do ensino*. São Paulo: Pioneira, 1979.

LUCKESI, Cipriano Carlos. *Avaliação da aprendizagem escolar*: estudos e proposições. 22. ed. São Paulo: Cortez, 2012.

_____. *Avaliação da aprendizagem*: componente do ato pedagógico. São Paulo: Cortez, 2011.

_____. *Avaliação da aprendizagem na escola*: reelaborando conceitos e recriando a prática. 2. ed. Salvador: Malabares Comunicação e Eventos, 2005.

_____. Educação, avaliação qualitativa e inovação. *Textos para Discussão*, n. 37, ano 2012, Inep. (Série Documental, v. II.) Disponível em: < http://www.publicacoes.inep.gov.br/arquivos/%7B37A31349-999C-4F13-A56E-E5DEAF09ED11%7D_TD%2037.pdf. >

MARK, Karl. *O capital*. Rio de Janeiro: Civilização Brasileira, s/d. v. 1.

MORENTE, Manuel Garcia. *Fundamentos de filosofia*. São Paulo: Mestre Jou, 1967.

PERRENOUD, Philippe. *Avaliação*: da excelência à regulação das aprendizagens — entre duas lógicas. Porto Alegre: Artes Médicas, 1999.

SOUZA, Sandra M. Zakia. *Avaliação da aprendizagem na legislação nacional*: de 1930 aos dias atuais. Disponível em: < www.fcc.org.br/pesquisa/publicacoes/eae/arquivos/1536/1536.pdf. >

VÁSQUEZ, Adolfo Sanchez. *Ética*. Rio de Janeiro: Paz e Terra, 1978.